河西雄郡　金城为最
蒙受黄河之恩泽为"沐泽川"之本意

岁月兰州

沐泽川 —— 著

电子工业出版社
Publishing House of Electronics Industry
北京·BEIJING

未经许可,不得以任何方式复制或抄袭本书之部分或全部内容。
版权所有,侵权必究。

图书在版编目(CIP)数据

大河两岸 岁月兰州 / 沐泽川著. -- 北京 : 电子工业出版社, 2024. 7. -- ISBN 978-7-121-48089-8

Ⅰ.K924.21

中国国家版本馆CIP数据核字第20242SX960号

责任编辑:	胡　南　赵诗文
营销编辑:	王俊峰
印　　刷:	北京利丰雅高长城印刷有限公司
装　　订:	北京利丰雅高长城印刷有限公司
出版发行:	电子工业出版社
	北京市海淀区万寿路173信箱　邮编:100036
开　　本:	720×1000　1/16　印张:22　字数:232千字
版　　次:	2024年7月第1版
印　　次:	2024年7月第2次印刷
定　　价:	88.00元

凡所购买电子工业出版社图书有缺损问题,请向购买书店调换。若书店售缺,请与本社发行部联系,联系及邮购电话:(010)88254888,88258888。

质量投诉请发邮件至zlts@phei.com.cn,盗版侵权举报请发邮件至dbqq@phei.com.cn。

本书咨询联系方式:(010)88254210,influence@phei.com.cn,微信号:yingxianglibook。

推荐序 1

兰州正式建城有两千多年历史,秦始皇三十三年(前214年)置榆中县,得名于"树榆为塞"。汉武帝元狩二年(前121年)置金城县,以筑城得金而命名。隋文帝开皇元年(581年)在皋兰山下置兰州,以皋兰而得名,"皋兰"为匈奴语,有高峻之意。期间在黄河谷地南岸,筑城设县,意在"控河为险,隔阂羌戎",拱卫中原地区,故史称"自汉以来,河西雄郡,金城为最"。而且兰州"地居南北之中,为东西咽喉",雄踞黄河之滨,成为丝绸之路、唐蕃古道、宋元明清的重要通道,在沟通东西交流,加强中原与西北边疆的联系方面,起到莫大作用。

这些辉煌历史,通过近年出版的《甘肃通史》《兰州通史》及一些著作,得到全面的阐述。然而由于是史学体裁,引用二十四史、《资治通鉴》史料很多,学术性强,有如高头讲章,有点艰深,给一般读者,尤其是青年读者无意中造成阅读障碍。而一些网络上的关于兰州历史的文字,虽然通俗易懂,但难免有错误不实之处。这真是深也不是,浅也不是。

五一劳动节前,多年研究甘肃科举史的贾守雄先生,领来三十出头的张庆涛小友,出示他的新作《大河两岸 岁月兰州》书稿,让我看看，并写篇序。我利用假日，一口气读完这本书稿，感觉最大的特点是作者用口语化的文字，娓娓道来，把错综复杂的兰州历史准确而精彩地反映出来，这是作者最用心之处。

首先，作者年龄虽小，但起点很高，他博览关于兰州的史书及学术作品，融汇于胸，用自己的语言，生动地述说翔实的历史事实、精彩的场景、个性鲜明的历史人物，可读性极强，又无当下"戏说历史"的常见弊病，使这本书稿正好达到深与浅的平衡，这真是太不容易了。

其次，作者以山东支援兰州建设者的"第三代移民"的身份，从他孩童时代，亲历、亲见、亲闻兰州巨大变化的视角出发，讲述暮春五泉踏青、动物园观兽，盛夏雁滩游泳，隆冬滑冰，等等有趣经历，引起读者的共鸣，从而打开他们记忆的闸门，在不同时间，遨游于共同的空间，作者与读者互动，共同享受阅读的乐趣，当然这个空间的变化是很大的。

再次，作者选用精美照片，尤其是自己拍摄的照片，增加了亲切感，使书籍图文并茂，左史右图，图文相得益彰，加大了书稿的深度。其间，恰在好处地引用古人咏兰诗词，并加上自作诗句，使书稿平添了几许文学色彩。

最后，作者生于兰州，长于兰州，喝黄河水、品兰州风味长大，因此对于兰州的饮食文化有独到的见解。作者最爱吃铁路局孙子烤肉，东方宫牛肉面，八公里羊羔肉，大沙坪白记肉片，均家滩浆水面，胖妈妈的手抓羊肉，箭道巷的肥肠面，通渭路的马三洋芋片，等等美食，尽管这些只是兰州美食的一部分，但足够了，通过优美口语化的文字，展现于读者面前，不由食欲大增，恨不得马上品尝一番。

  总之，作者为自媒体人，既能网播，又能写书，双驱并进，发展前途很大，殷切期望写出更多高质量的作品。

邓明
2024年5月4日于梦梨花山馆

推荐序 2

2024年初春的一天，我曾经的学生张庆涛让我给他的新作《大河两岸 岁月兰州》提一些建议，我委实有些受宠若惊，说"受宠"是对自己曾为人师的欣慰，"若惊"是对此项任务的戒惧。

生活在兰州这片热土，屈指一算已有二十六载。虽不是生于斯，但人生的大半时间都长于斯，渐渐熟悉了兰州的五泉山、白塔山、中山桥、牛肉面……生活的惯性往往容易让人遗忘一些东西，就像秋天的落叶一片片从树上飘落，无声无息。初来乍到的热情也如同落日后的余晖，虽然仍带着一丝暖意，但也逐渐失去最初的热烈和明亮。此时，《大河两岸 岁月兰州》如同一缕清风，叩开了我久已尘封的记忆之门。是的，我们生活于这样一个纷繁多彩的时代，习惯于通过网络获知一些似懂非懂的知识，难得有这样一部新作，让我对脚下的这片土地重新萌生出"久违"的兴趣。我带着一些新奇，走进了《大河两岸 岁月兰州》，更确切地说是《大河两岸 岁月兰州》走进了我的心田。

《大河两岸 岁月兰州》从作者的视角、历史的视角对兰州这座城市的发展、人文、地理……进行了新颖的解读，文字简洁亲切、娓娓道来，带我们走近了既熟悉又陌生的金城。弥足珍贵的历史资料在作者的笔下升腾成一页页波澜壮阔的历史画卷，街谈巷议的人文典故在作者的笔下汇聚成一幅幅栩栩如生的市井"上河图"。作为一名执教多年的历史教师，我感慨于作者对史实的搜集探究不遗余力，感叹于作者对人文情怀的执着不渝。《大河两岸　岁月兰州》是我见到的挖掘地方史颇为翔实的一部作品，既有作者对这座城的深度见解，又有这座城留给作者的生活印记。《大河两岸　岁月兰州》让我们走近了金城，也让金城走近了我们，唤醒了兰州人的记忆，也拉近了陌生过客与这座城市的距离，如同作者所述，这座城不只有一本书、一碗面、一条河，更有生活在这片土地上的人们对这座城的热爱和生生不息的情怀。

《大河两岸　岁月兰州》这部作品与它的作者张庆涛让我有三点触动：第一，执着求知的触动——处于这样一个许多人"躲进小楼成一统，管他春夏与秋冬"的当下，作者独辟蹊径上下求索终成大作，其求知若渴的态度令人景行行止，躬耕不辍的探索情怀让人叹为观止。第二，独行不羁的触动——读完《大河两岸　岁月兰州》后，我对作者那种独行不羁的品格更加认同，在人们逐渐习惯于一种习惯时，作者以一种"虽千万人，吾往矣"的气概扎进浩瀚史海，为我们撷得岁月兰州这样一枚史海之贝。第三，升华灵魂的触动——"读万卷书，行万里路"，殊为难能的是作者读万卷书的分享，更为可贵的是作者行万里路的感悟，能够呈于《大河两岸　岁月兰州》这部佳作中，并将之呈现于众人之视野，不失为西北人文史中的一颗明珠。

高尚的灵魂源自平凡，你可以是高雅的学者，品茗其中的珍贵史料,你可以是芸芸众生之一,品味其中生活的气息。我想作者成书的本意并非要改变每一个阅读它的人,而是轻轻地诉说,我也是一个静静的倾听者。我由衷地喜欢《大河两岸 岁月兰州》中一个个地理溯源,一个个人物寻根,但我更加发自内心地喜欢《大河两岸 岁月兰州》中的马扎子、三炮台。每一个生活在金城兰州这片土地上的生灵正以他独一无二的情怀感受着生活的气息。只是我们有时候需要停下来,倾听这座城市,感受这座城市,《大河两岸 岁月兰州》就是能让我们停下来倾听的那个心灵之音!

如果你愿意做一个倾听者,那就让我们一起走进《大河两岸 岁月兰州》。

金艳玲

2024年5月9日于兰州

推荐序 3

2023年盛夏，好友沐泽川向我透露，他想写一本关于兰州的书，他想用自己的视角和感悟，以一个兰州土著的身份向读者介绍和推荐他的家乡。那时候的泽川已是拥有上百万网络粉丝的短视频博主，他的账号发布的关于历史文化类的短视频动辄就有10万+的点赞，这个流量和热度对于没有任何团队运作，自己单枪匹马做内容的人来说是非常优秀的，足以令太多想做短视频和正在做短视频的人羡慕。就在大家都认为他应该流量变现，好好带货赚些"快钱"时，他却想回归传统，用多年的文化沉淀记录兰州。"越来越多的人关注兰州这座城市，但没有一本真正意义上的攻略，我想写出来给想了解这座城市的人给点建议"，对这件事他有着这样质朴而又坚定的信念。他总说，"虽然现在人们习惯把新媒体渠道作为信息的来源，但我觉得传统纸媒的传播方式不应该被舍弃，做文化的初衷就是用自己的方式为后代留下些什么。"

兰州也是我的家乡，生于斯长于斯40年，年少时曾经无数次想离开这个"家"，经年累月才发现爱她爱得深沉。作为一名兰州文旅人，今年距离我第一次拿起话筒向游客介绍兰州已经整整过去20年了，兰州在我的介绍下是言城之坚，固若金汤；是黄河九曲，独宠兰州，是五省枢纽，座中六联；是城南皋兰山，城北九州台；是读者，是丝路花雨；是中国地理上的几何中心；是牛肉面的故乡；更是黄河流经的我的家。

其实她似乎可以是更多。在泽川的笔下，兰州是他儿时记忆中黄河边的三炮台、马扎子，是夜色中巷子口烫嘴的羊肉串，是五泉山公园妈妈陪同乘坐的旋转木马，这些生动的描述唤起了我多少童年回忆，相似的经历令人忍俊不禁。

创作不易，为了写这本书，泽川数月里每天坚持书写6小时以上，查阅了大量的文献资料，对兰州的历史沿革，城市建置多方求证。甘肃贡院、五泉书院，庄严寺、普照寺，白云观、金天观，八路军办事处和第八战区，《永乐南藏》和《四库全书》，左宗棠和谭嗣同，这些我们兰州本地人都讳莫如深的历史，他在书中娓娓道来，生涩难懂的史料变成了与这座城市息息相关的温暖回忆。

书稿我是一口气读完的，可以说是引人入胜，酣畅淋漓，那些关于兰州的历史、人文、诗词、民俗、美食精彩纷呈，与其说是读书，不如说跟着沐泽川一起游览了这座2000多年历史的城市，跟着他驻足于每一个历史节点、每一条长街短巷，每一处人间烟火，他更像是这个城市的向导，游历的过程中处处表述着对家乡的眷恋与深情。

着重推荐书中他原创的诗词，介绍兰州的景点，他会写"抬眼铁桥白塔山，春见梨花到什（shí）川……"介绍甘肃省博物馆丝路瑰宝，他写到"东汉墨纸烽燧简，魏晋传信驿使砖"，言简意赅，过目难忘。书中还有大量的图片，有他儿时的珍藏，以及寻访名胜古迹时，由他自行拍摄、生动呈现的美景。

  原创不易，深知泽川为此付出的心血与努力，这世间有梦想的人太多，他让梦想的种子在家乡开花。世间美好，万物可爱，致敬所有为梦想努力的普通人。希望大家通过本书，能够认识兰州、了解兰州、爱上兰州。

王海柔
2024 年 5 月 7 日于金城兰州

序

  金城，兰州人都很熟悉兰州的这个称谓，我就出生在这座滨河之都。我的爷爷奶奶在支援大西北时期从山东来到了这里；我的外婆是土生土长的甘肃兰州人，外公是甘肃武威人，而我的父母都出生在兰州。我呢，当然就不必说了，生在这里、长在这里，喝着黄河水，吃着牛肉面，日复一日，年复一年。

  总体来说，兰州的史前文化丰富多样，古代文化源远流长。秦朝时，这里是陇西郡的榆中县，是兰州地区最早的行政建置；西汉时先置了金城县，后设金城郡，领十三个县；"五胡十六国"时，这里是鲜卑族乞伏氏所建立的西秦的国都；隋代出现了"兰州"二字；隋末唐初时，这里又是"西秦霸王"薛举建立的西秦的国都——所以，中国历史上有两个被称为"西秦"的政权，而这两个政权都在兰州地区建都。清康熙年间，陕甘分治，这才有了省会兰州。

  兰州除了以"黄河明珠"著称，更有"五泉""红泥泉"的美名，泉水也是大自然对这座城市的馈赠。

  兰州市目前设有五个区，三个县，以及国家级兰州新区、兰州高新技术开发区和兰州经济技术开发区。五个区分别为城关区、七里河区、西固区、安宁区、红古区，除了红古区和新区距离城市中心较远，其他几个区是连成一片的；三个县分别为榆中县，皋兰县和永登县。提到这三个县，最有名的莫过于"永登的玫瑰，皋兰的面，榆中的白菜无公害"。当然，兰州有很多惊人之处，是我还不曾了解的。

如果你问我是否热爱家乡，我想我首先要讲清楚我的家乡是哪里。是山东，还是甘肃？我只能说我是个中国北方人。不过能关联我整个人生，又或是与我人生交集最多的就是兰州了，在我心里，它确实是我的家乡。而对它，我不仅是单纯的热爱，更是依恋、倚靠。我依偎在它的怀里，也在它的各处角落留下了自己的足迹，这份依赖对我来说是难以割舍的。

我曾一度想离开这个我自以为"落后"的省会城市，去寻找诗与远方，去高楼林立、交通发达的大城市闯荡。谁曾想，跟头一次一次地栽，我却一直找不到心之所向。而当我回到兰州，心中的踏实感、安全感，一瞬间又全部回来了。我就是这里的孩子，这里的一切我都那么熟悉，好像这里的所有都在我的掌控之中。每一条街道的名称、每一个十字路口、每一路公交车、每一个商业区、每一座大楼、每一座山、每一个人，我似乎都认识，仿佛我的身边都是爸爸妈妈、叔叔婶婶、舅舅舅妈的同事和熟人。

突然有一天我失业了，我早已厌倦了在各个单位之间不停地跳槽，也受够了职场生活。我的失业完全是咎由自取，因为不喜欢上班打卡，不喜欢办公室里藏着掖着的关系，不喜欢权衡利弊后做选择的过程，我退出了职场。但我深知自己是一个热爱工作的人，是一个耐不住寂寞的人，我需要的是诗中的远方，是翱翔于天地间的酣畅淋漓。在做所有事时，我都不苛求结果，不需要用成果来犒劳自己，我享受的仅仅是过程，我想感受丰富多样、多姿多彩的快乐，体验充实、平静的人生。但这一切都需要精力与财力的支撑，父母并不会支持我的这些"妄想"，他们更希望我平平安安、健健康康地生活，即便不能大富大贵，也不能有健康或安全问题，过得和同龄人差不多就好。读书工作，结婚生子，这就是他们对我人生的全部期许。

可是我不喜欢。

彻底远离职场后，在寻找自己路途的过程中我一直在思考自己应该做点什么样的事情，既要为自己做、在学习中做，又要是自己喜欢的、乐于尝试的、有成就感的、浪漫的、豁达的、解放心灵的。

我的目标是不是挺高的？以前一直觉得这种追求遥不可及，可能每个人最终还是要湮没于人海，服从于规矩。直到我遇到了短视频。

一开始我没把做短视频当成工作，只是遇到了感情问题，需要发泄，就开始发布有关情感的鸡汤。后来开始读情感诗，了解诗人的生活，关注文学、历史，然后我似乎就在人生的道路上觉醒了！我竟然觉得自己觉醒了，确实有些滑稽，有些不可思议，但觉醒速度之快是我始料未及的。我终于知道自己该做什么了——我需要学习！我需要攀更高的山、渡更宽的河、走更远的路、探明更多的未知，这才是我要的。如此，我的心灵得到了解放的希望。禁锢我的枷锁似乎一下被打破了！我终于明白，自由是在获取知识的路上、在学习的路上才能出现的，我似乎自由了。原来真的有我一辈子都做不完而且喜爱的事情。

我借着学习文学和历史的名义去了很多地方，全国到处乱跑，确实收获了很多。但回过头一看，我竟然对自己生长、生活的地方一无所知。

我让自己静下心来，认真地端详起自己生活了三十多年的城市。

这座城市有五泉山、白塔山，两山夹一河。河上有座中山桥，旁边有黄河母亲的塑像，还有牛肉面和读者出版社——这些可能就是大多数人对兰州的印象了。在了解之初，就连"读者大道"上几棵粗粗的柳树我都不知道其来历，只觉得古树垂荫，应该见证过很多沧桑罢了。

在我的印象里，兰州有两个水车博览园。一个在七里河区，一个在城关区。七里河区的博览园修建得早一些，在黄河母亲雕塑附近。城关区的博览园好像也就建了约二十年，不过是在广武门外"水车园"旧址附近重建起来的。清代广武门外的"水车园"处有三辆水车并列，这里以前是教场河的河道，教场河就是南河道，因数次改造，位置略有变化，早年间位置与"邓园"大致重合。光绪年间，回族举人胡文炳在此处置地，建起一辆水车来浇灌"虎家花园"（现甘肃省教育大厦的位置），人称"老虎车"。偶尔有几年到了秋天，雨季来临，城关区的水车博览园被黄河水淹没，黄河里的泥沙会覆盖整个公园，但似乎过不了多久，就又会恢复原貌。

兰州的金城盆景公园也在这一带，这个公园以前似乎叫"芳草园"。其实我也不知道为什么脑海里会出现这个名字，也许是因为我见过公园大门门头上的牌匾，但后来被更换了吧。

但无论怎样，把这座公园命名为"芳草园"的人，肯定是秀外慧中之人。比起生硬的"盆景公园",我更喜欢取自苏轼《蝶恋花》里的这个富有诗意的名字。

蝶恋花·春景

宋·苏轼

花褪残红青杏小。燕子飞时,绿水人家绕。

枝上柳绵吹又少。天涯何处无芳草。

墙里秋千墙外道。墙外行人,墙里佳人笑。

笑渐不闻声渐悄。多情却被无情恼。

"天涯何处无芳草"这句,可别用小学生的思维来解读哦。我上学时,有一句"名言"流传甚广:天涯何处无芳草,何必单恋一枝花!哈哈哈哈,想起来已经有将近三十年的光景了。

一到夏天,公园内便摆满了茶座和麻将桌。兰州人喜欢喝"三炮

▲ 芳草园内一隅

台",但茶碗喝着不过瘾,就改成了用啤酒杯泡茶。我觉得这是挺不协调的一件事,可后来也慢慢习惯了这种"土洋结合"的喝茶方式。

兰州人把帆布折叠躺椅叫作"马扎子",我们小时候一直希望跟大人出去时能独占一座,可是为了省茶位费,大多时候家长都不会给小孩们提供单独的座位,这也是我童年记忆比较深刻的事情。无论是在五泉山、白塔山、皋兰山、黄河边、黄河边的船上,还是在公园里,只要是天气暖和的假期,茶摊、麻将桌边肯定人声鼎沸。这种休闲风,大约一直持续到我的初中时代结束。等我上了高中,周围又兴起了一阵"爬山潮",我一度以为,这种爬山的潮流是我的高中同学们引领的。因为每逢周末,就会有同学三三两两地相约一起去爬皋兰山。

▲ 我从小就喝"三炮台",坐"马扎子"

小学毕业那年，我妈给我报了个兰州大学的"小升初"预习班，但整个暑假我就去了一次。我每天背着书包，出了家门就奔向黄河边了，那时还没有天水路的高速路出口，那里还是一片河滩，河岸边有很多采砂留下来的大水坑，比起黄河水，大水坑里面的水要清澈得多。我沿着黄河岸边游两圈，再去大水坑里泡一泡，把身上的泥沙冲掉，顺着天水路走回家，差不多也就是下课时间了。这样的游泳"自习班"，我坚持了一个暑假。暑假快结束时，我妈去学校查岗了，一问老师，老师说就见过我一次。她回家责问我后，对我的所做所为感到震惊与后怕。

这件事我妈说了很多年、很多次……也许对于黄河水的迅猛，我是没有体会的。不过在兰州下游什川镇的附近确实有"捞尸人"这么个职业。在黄河中溺死被冲到那里的人几乎每年都有，我想这也许是我妈最后怕的一件事了吧。2013年，当初我游泳的地方立了一尊霍去病的塑像，那里有了个响亮的名字——霍去病广场。

对于兰州的记忆，可能多数兰州人都跟我差不多。我想把这些记忆用文字呈现出来，给不那么熟悉兰州的朋友看看。我要告诉你，到了兰州，有哪些地方值得一去；告诉你"兰州记忆"不仅仅是一碗牛肉面，"兰州印象"也不仅仅是一本《读者》，"兰州名片"更不止于中山桥和"黄河母亲"。我也更想让生长在兰州这片土地上的人们，也就是我的父老乡亲们，能更多地、更具体地知道属于自己家乡的故事。

其实书名中的"大河两岸"，既可指兰州，亦可指整个甘肃。兰州是依黄河而建的，主城区（除了红古区）沿着黄河两岸绵延了大约40千米，也就是"兰州黄河风情线"的长度。黄河流经甘肃时，可谓把整个甘肃"一分为二"：从兰州的黄河北岸向北、向西，越过乌鞘岭连接着河西走廊，一直延伸到敦煌，与新疆接壤；而从兰州向东、向南就是广袤的陇中、陇东黄土高原，以及陇南山地和甘南草原。

在这本书里，咱们主要来了解一下"金城兰州"，但也不可避免地会提到甘肃其他地方的历史、文化和民俗。毕竟兰州是甘肃的省会，也是甘肃的文化中心。甘肃文化在此汇聚一堂，兰州不可能独立地存在于陇原之上。无论是河西走廊，还是陇右[①]地区的文化风貌，你都能在兰州看到它们的影子，甚至会集中表现为其地域特色的精粹部分。在这本书中，我并没有按照时间顺序来罗列历史事件，内容多以地理坐标和人物，又或文物为锚点，从而展开叙述。章节前后互有关联、时间节点相互穿插。所以，在读这本书时，如果你对于我国朝代顺序有大致的了解，会有助于减少阅读难度。

此书并不能作为全面、系统学习历史的工具书。所涉及的历史内容较为零散，包含民俗、文博、历史人物、旅游等相关内容，并非严谨的专业用书。

沐泽川
2023年9月

[①] 陇右，又称"陇西"，泛指陇山以西地区。古人以"东为左，西为右"，故名陇右。——编者注

目录 | CONTENTS

壹 金城兰州

兰州人对"金城"的记忆	003
兰州之父——霍去病	004
金城关	007
去"黄河楼"看看诗词里的兰州	010
"金城"和"兰州"	015
"我们大兰州"	019
神话、文学、艺术、科研	022

贰 雁落兰州

兰州是黄河中的岛屿	043
刻在兰州人骨子里的"思雁情结"	044
男儿有志在四方　左公戎马驰西陇	047
左宗棠的墨宝留在了兰州	050
兰州的大雁就在雁滩	052

叁 文博兰州

旅游标志——马踏飞燕	059
千年前的邮差——驿使图	064
关乎佛教传入中国的"大云寺五重舍利宝函"和《报父母恩重经变》图轴	069
"法帖之祖"——《淳化阁帖》肃府本	076
火爆全网的"蓝莲盏"	082
白衣寺里的博物馆	086
文从简　书于帛	089
瑰宝太多，要亲自看	097

肆 人文兰州

五泉山	101
神奎起皋兰	145
中山铁桥的前世今生	154
明朝兰州地区的行政建置	174
白塔依黄河	178

伍 我在兰州

兰州饭店和农民巷	197
甘肃省人民医院	201
五里铺和东部	203
双城门	204
中央广场和张掖路	206
敦煌艺术馆	209
邓家花园	216
水车博览园中的"兰州握桥"	224
黄河水乡的大水车	228
读者博物馆	233

陆 旅行甘肃

初来兰州	239
吃货兰州	246
风光兰州	274
告别兰州	277

结语	319
参考书目	323

壹 金城兰州

兰州览古

清·王永清

控制甘凉此咽喉,西来形胜览兰州。
千重树暗浮云锁,万点烟横落照收。
紫塞尚余秦汉迹,黄河不洗古今愁。
惊心累代经营事,欲把兴亡数到头。

这首诗的作者是清末的一位甘肃籍官员，他参与过《甘肃通志稿》的编纂。他在诗作的开篇清晰地描绘了兰州所处地理位置在军事上的重要性，扼守在河西走廊的咽喉处。"甘"即"甘州"，指张掖市，后来是甘肃的简称之一；"凉"指的是"凉州"，就是今天的武威市，西边的苦寒之地和古代此处的政权名称。接着，诗人写出了兰州在塞上边关处的绿洲形貌，以及这里万家烟火在夕阳中的美景。这里有秦汉时期的历史遗迹，也有千古不停流淌的黄河。自古以来都是兵家必争之地，政权的兴盛和衰亡在这里不断上演。

兰州人对"金城"的记忆

"金城兰州",这个称号代表着兰州曾经的辉煌。以前在天水路上,南昌路口还有个金城宾馆,现今已改造成商业综合体,对于兰州的城市建设,这种改变的效果是显著的。

以前在金城宾馆南侧一两百米,是兰州饭店门前的盘旋路,如今,此处仅剩下了"盘旋路"的名称,让人们还能依稀记起这里曾经有一个环岛公园——我小时候经常在这个环岛公园里驾驶玩具汽车。

在城市日新月异发展的洗礼下,我们还能留下的,也就是那些日渐模糊的名称了。

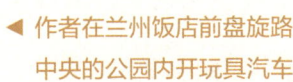
◀ 作者在兰州饭店前盘旋路中央的公园内开玩具汽车

兰州之父——霍去病

霍去病，冠军侯，骠骑大将军。18岁时，他建立功勋，两次攻打匈奴，歼灭匈奴近10万人，使得"匈奴远遁，漠南无王庭"，可天不假年，23岁时，他忽然薨逝。后世对他的追忆持续到了现在，对于他的死因，在史学界有着很多的猜测，但大家普遍认同的是汉武帝刘彻为他举办了盛大的葬礼。兰州人喜欢将霍去病称作"兰州之父"，人们一直认为，《史记》记载的霍去病与匈奴鏖战于皋兰山下一事，其中的皋兰山指的是今日兰州南部的皋兰山，但实际上则是指张掖附近的合黎山。皋兰是匈奴语，有高峻的意思，皋兰山就是高耸入云的天山。"祁连""乌兰""贺兰"，其实就是各地不同的方言，对皋兰的译写。所以，皋兰其实是一种泛称，甘肃境内就有两座"皋兰山"，一座在张掖（合黎山），另一座在兰州。话说回来，尽管目前的历史资料中，并没有霍去病征战匈奴时在兰州经停的记录，他却在兰州留下了一段流传千年的传说。

相传霍去病带领军队路过兰州时，人困马乏，无水可饮，霍去病手持马鞭，在皋兰山下连击五下，"着鞭出泉"，鞭起泉涌，从此在皋兰山脚下，就有了五眼泉水，这里就成了"五泉山"。霍去病为击退匈奴曾慷慨陈词，"匈奴未灭，无以家为"，而他也确实做到了——斩杀折兰王、庐侯王，抓获浑邪王的儿子及相国、都尉，斩获八千九百余位匈奴敌将首级，并缴获休屠王手里的"祭天金人"，使得匈奴失去了对河西地区的控制权，逼得匈奴人唱出了泣天悲歌：

▲ 如今的五泉山

匈奴歌

亡我祁连山，使我六畜不蕃息；
失我焉支山，使我妇女无颜色。

河西地区的贯通，为后世丝绸之路的建设创造了先决条件，也使得中原文明与西域文化交流更加紧密，故而霍去病在兰州人乃至甘肃人、中国人的心中都有着彪炳千古的功绩。

除了霍去病广场有座霍去病的塑像，在五泉山公园内，也屹立着他的塑像。这位年轻的汉民族英雄，大胜匈奴后在"狼居胥山"举行了祭天封礼，从此便有了"封狼居胥"这个成语，这四个字也成了中国武将们的集体追求。

▲ 五泉山广场上的霍去病塑像

金城关

"河西雄郡,金城为最"!

金城关,兰州人无有不知的吧!当你面对着白塔山时,在它的西面,也就是你的左手边,自上而下,沿着兰州北山有一组连排的仿古建筑,夜晚时分,伴随着霓虹闪烁,十分亮眼。加上"白塔层峦"和中山铁桥的映衬,这一片夜景,堪称一幅梦幻山水画。高处的山头上还点缀着兰州碑林里的"草圣阁",此阁被誉为"天下黄河第一阁"。"草圣"二字说的是书法水平最高的人,最早的草圣是东汉敦煌人张芝。在兰州碑林中有历代名家作品的石刻,也包括李白的《上阳台帖》石刻。

那这里为什么会被称为"金城关"呢?

"金城关"因汉代金城县而得名,汉晋金城县在西固黄河南岸钟家河一带,金城关则在对面,是为"津关","津关"就是渡口上的关隘。其作用是护卫此处的渡口。到了北周时期,此关隘才慢慢地东移至现今的白塔山的西侧,设立金城津。

汉代到两晋时期黄河兰州段被称为"金城河",此名也因金城县而得。

▲ 远眺白塔山

　　十六国到隋代期间，又是中原王朝从分裂到统一的重要时期。这期间兰州地区为前赵（匈奴）后赵（羯）、前凉（汉）、前秦（氐）、后秦（羌）、西秦（鲜卑）、后凉（氐）、南凉（鲜卑）、北凉（匈奴）、吐谷浑（鲜卑）等争夺。

　　隋唐时期，兰州地区的贸易、文化盛极一时，金城关前车马繁荣、驿使往来，胡商、僧侣络绎不绝。唐广德年间吐蕃占领陇右，金城关被废弃。

　　宋仁宗景祐年间，西夏李元昊占领兰州。宋神宗元丰四年（1081年）北宋李宪收复兰州，与西夏隔河对峙。

　　宋哲宗绍圣四年（1097年）北宋就在兰州北山，现今的金城关文化博览园处，架起了浮桥，修建了"金城关城楼"，金城关的作用就是护卫浮桥。双方在此长期攻守，少见安宁之日。

　　此关隘的修建和浮桥的搭设，加强了兰州作为"茶马互市"和茶叶贸易通道上的重要关城地位。再次打通了北宋通向河西走廊和青海的贸易通道。

明代为防御鞑靼侵扰，加强戍边机制，修建了很多的军事设施比如关隘、边墙和城堡，其中山铁桥的前身——"镇远浮桥"的搭建就与其息息相关。

到了中国的最后一个大一统王朝——清朝时，版图扩大，兰州深处国家的中心位置，金城关失去了其戍边拱卫的作用，但关楼还未坍塌。

清代诗人张澍站在黄河南岸的白马浪望向金城关时就写下了《金城关》一诗。

金城关

清·张澍

倚岩百尺峙雄关，西域咽喉在此间。

白马涛声喧日夜，青鸳幢影出冈峦。

1938年，为拓建甘新公路，关楼被拆，千年雄关——"金城关"自此只留在了人们的记忆里。

所以"金城关"，就成为大多数兰州人对"金城"这两个字的一个重要记忆符号。

去"黄河楼"看看诗词里的兰州

尽管唐代时在今白塔山下正式修建了"金城关城楼",但作为丝绸之路上的重要通道和进入河西走廊、互通青海的要塞,兰州地区的贸易往来更加频繁。唐朝诗人高适与岑参途径兰州前往河西和新疆地区时,曾描绘过兰州的美景。

金城北楼

唐·高适

北楼西望满晴空,积水连山胜画中。
湍上急流声若箭,城头残月势如弓。
垂竿已羡磻溪老,体道犹思塞上翁。
为问边庭更何事,至今羌笛怨无穷。

题金城临河驿楼

唐·岑参

古戍依重险,高楼见五凉。
山根盘驿道,河水浸城墙。

庭树巢鹦鹉，园花隐麝香。

忽如江浦上，忆作捕鱼郎。

    这两首诗将兰州描绘得如梦如幻，对于生活在高楼林立的现代兰州的我们而言，或许难以置信。在高适的诗中，北楼是兰州城北的城楼，也叫望河楼，登上城楼向西望去，晴空万里，黄河与山峦相连，壮美景观犹胜画卷。黄河水流湍急，潺潺声如箭鸣，城头残月如弯弓。诗人已经开始羡慕在磻溪垂钓的老去的姜太公，并深刻体会到此次西行实属"塞翁失马，焉知非福"——此次出行就是去探明边疆到底又出了什么事，导致边塞地区的怨声到今天都停不下来啊。

    高适描述的晴空万里，积水连山，还有"急流声若箭，残月势如弓"，如今在兰州依然可见。我偶然发现了此美景：黄昏时分，夕阳将尽，在兰州七里河区马滩和秀川交界的黄河边，一座现代建筑风格的"黄河楼"映入眼帘——乘坐地铁一号线在马滩站下车，向北走就能看见。站在黄河楼脚下，方能深刻体会"巍巍高楼近百尺"的震撼！（此句改编自李白名句"危楼高百尺，手可摘星辰。"）

    如果时间允许，一定要登上黄河楼最高处。乘电梯而上，你所见的不仅是高适描写的"积水连山"，还可领略王之涣《凉州词》里描述的"黄河远上白云间，一片孤城万仞山"。不过"孤城"你是看不到了，取而代之的是一座高楼林立的现代化省会城市。山好像也没有那么巍峨了，由于你身处高处，四周建筑又高又密集，反倒会有"一览众山小"之感。

岑参在《题金城临河驿楼》中所描写的"临河驿楼",相传就位于兰州市,南临黄河,应当就是金城关的关楼。岑参登上这座高楼,将古老的金城关尽收眼底,而向远方望去,一眼就能望见"五凉之地"。这里的五凉应当是指十六国时期的前凉、后凉、南凉、北凉和西凉。这些政权散布于河西走廊和青海河湟地区,后来"五凉之地"就借指甘肃一带了。楼外有古老的驿道,河水浸过了对岸的城墙脚,鹦鹉在城内庭院的树上筑巢,花园里隐隐约约的香气迎面而来,此情此景,唤起诗人在江上泛舟捕鱼的记忆。无论是高适、王之涣还是岑参,他们笔下的兰州多多少少都有些相似之处。所赋诗句,无论是从军事上或经济贸易上看,还是出于浪漫主义边塞情结,都反映了兰州地理位置在当时的重要性。

如今,从黄河楼顶层向下参观,各层分别展示着黄河奇石、兰州非物质文化遗

▶ 如今的兰州黄河楼

壹　金城兰州　013

产、兰州黄河元素的灯光秀、书画艺术、历史照片等丰富多彩的陇上精华。值得一提的是，黄河楼其中的一层是茶室，茶室有这样一个活动：如果两人以上去游玩，团购一张茶室的消费券，就会同时赠送黄河楼的门票。希望你来参观时这个活动还没结束。到了晚上，黄河楼还有极美的灯光秀，我没有去现场看过，仅从一些短视频里看着效果还不错，而且不用花钱，所以推荐你去看看。此外，住宿建议选择黄河楼对面的酒店，这样白天到晚上的景色均可一览无余。酒店的位置很好找，不过他们的营业场所是租赁的，酒店品牌可能会换，所以我就不具体推荐了。住在这里，去兰州老街和甘肃简牍博物馆都很方便。

▲ 黄河楼内的诗词角

"金城"和"兰州"

尽管已经介绍了这么多，我们还是要说清楚"金城"这个名字的由来，以及为什么后来又叫"兰州"了。要讲清楚这两件事，必然要提到古代不同时期这里设立的几个建置了。

其实兰州地区最早的名称既不是"金城"，也不是"兰州"，而是"榆中"。"榆中"这个名称可以追溯到2200多年前的秦朝。《史记·秦始皇本纪》中所述的"榆中"，县址位于现今兰州东边东岗镇一带，管辖兰州黄河以南地域，属于陇西郡，陇西郡郡治在现今的临洮县，跟现在的陇西县并不是一个概念。秦朝时陇西郡所辖范围较大，主要集中在今天甘肃省的南部、东南部和中部，涵盖天水、陇南、定西、兰州、临夏的大部分地区。陇西郡也是秦朝设立的三十六郡之一。到了西汉，分陇西郡置"天水郡"，兰州东部属天水郡"勇士县"。汉武帝时期"天水"得名，汉昭帝时期设"天水郡"。提到"天水"这两个字，大家第一时间想到的或许是李白的名句"君不见黄河之水天上来"，然而黄河的主干并不流经天水地区，这一带较大的河流是黄河最大支流渭河的两条分支——耤（xí）河①，以及秦安县的葫芦河。并且，李白赋诗之时，天水郡已经设立了将近600年。

天水郡最初设立时，并不在秦代邽（guī）县地区（现天水市所在地），而是在平襄县（现通渭西北部）存续191年，又在冀县（现甘谷县境内）存续超过190年。

天水郡设郡前，即汉武帝云狩二年（前121年），就在兰州地域置金城县，元鼎三年（前114年）置天水郡，其后金城县并入天水郡。兰州地区之所以叫"金城"，其实也跟汉武帝命李息在此筑城屯兵有关。

李息是郁郅县（现庆城县）人，与霍去病、卫青同朝为将。他选择在现今的兰州西固筑城，是因为此地四面环山，又有黄河作为天然屏障，固若金汤。据说，当年筑城时挖出了数块狗头金，当地人后多以淘金为业——古时兰州确实产金，唐朝的贡品中就有兰州出产的"麸金"。

从秦朝到汉朝，甘肃境内活跃着8个匈奴部族，影响力最大的就是武威附近的休屠（chú）王和张掖黑河流域的浑邪（yé）王。

霍去病两次出击河西，匈奴损失惨重，匈奴单于要来诛杀败将浑邪王和休屠王，所以休屠王联合浑邪王降汉。

当时李息正在黄河南岸筑城，将消息告知汉武帝，汉武帝怕其诈降袭边，令霍去病率军接应。霍度过黄河，斩不愿降者，迎浑邪王度

---

① 据《现代汉语词典（第7版）》，"耤"的读音为"jí"。为尊重当地传统习惯，此处特别标注了"xí"的读音。——编者注

过黄河南岸。①

无论是清朝的"西固"还是汉朝的"金城",都与"固若金汤""金城汤池"这样明显的地理优势有关。后来,西固公园里树立了一座李息的塑像,修缮后的西固公园,也更名为"金城公园"。这就是兰州人对这段历史的记忆,整个兰州城共同拥有着一段中华民族英勇无畏、建立功业的历史记忆。

在河湟地区,汉朝除了要面对匈奴的威胁,还要提防与生活在湟水流域的羌人部落之间的冲突。羌人部落逐渐壮大后与匈奴联合对抗西汉,反攻西汉的屯田区,一度攻到了陇西郡所辖范围内。而李息在较短的时间内就击退了羌人和匈奴的联军。"金城"在汉朝西部的防守地位日渐凸显。在金城郡设立的30年前,兰州地区就已经设置了"护羌校尉"的官职来加强边防,这给当时的羌人部落带来了极大震慑,使得羌人离开羌中地区迁至青海湖一带。汉朝军事地位的提升保障了丝绸之路的安全贯通,由此,出使西域再无后顾之忧。

随着西汉在西北地区的政治影响力和控制力越来越大,其统治疆界已到达敦煌,也就是河西走廊的尽头。之后,敦煌、酒泉、张掖、武威这河西四郡也相继设立,这些地名同样都是汉武帝定下的,可见汉武帝刘彻是一个喜欢起名字的帝王,这也彰显出这位汉帝国统治者的雄心。

直到汉昭帝始元六年,"金城县"脱离"天水郡"的管辖,正式

---

① 资料来源:《史记·卫将军列传》。——编者注。

独立为"郡",辖县13个,史称"金城郡"!

汉宣帝时期,兰州设立了"金城属国"的建置,以管理自愿归降的羌人部落。

西汉末年王莽篡权,用金钱引诱塞外羌人归汉,让羌地自愿成为属地,此时金城郡所辖范围扩大,青海的很多地区都已归属。金城郡在王莽时期更名为"西海郡"。东汉光武帝建武初年,羌地动乱,建武十二年,此地郡治被弃。

魏晋南北朝时期,兰州先后被十来个政权控制过,其中西秦政权在这里建都。前凉政权在永登县设置了广武郡,后"金城"二字有时也被沿用。直到隋朝,"兰州"这两个字第一次出现在史书上。

有人说,"兰州"的"兰",取的就是"皋兰山"的"兰",意为大河。当然,这个"兰"字还有一说,是指皋兰山上遍生的"春兰"。因州郡多而辖地小,所以刚开始隋朝废"郡"存"州",兰州管辖"金城""武治"和"广武"地区,并设置了军事建置"兰州总管府"。后来隋炀帝又改"州"为"郡"。几经变革,到了唐肃宗时期,也就是唐玄宗的儿子李亨执政时,"兰州"这一地名终于固定了下来。

以上便是"金城"和"兰州"的来历。

▲ 皋兰山上生长的春兰

"我们大兰州"

兰州有很多值得我们深入了解的地方，无论是自然景区、公园还是建筑物，我将尽我所能，在这本书中为大家讲述。

我写了首《兰州小诗》，帮助你了解人文，再看看风景。

官滩沟，吐鲁沟，
石佛沟和竹林沟；
九州台，文溯阁，
碑林园中草圣阁；
五泉山，皋兰山，
西固关山，马衔山；
连城青城河口镇，
兴隆山中铁木真；
抬望铁桥白塔山，
春见梨花到什川；
白马浪边白云观，

> 中山铁桥立百年；
>
> 黄河边上散一散，
>
> 游船里面谝闲传。

当然，这首打油小调写得并不全面，只列出了部分希望你不要错过的地方，至于原因在哪儿，且待我慢慢、细细地道来。

兰州年轻人经常在网上自称我们"大兰州"，可是从客观情况来看兰州并不大。兰州常住人口约为440万人，土地总面积1.31万平方千米，而主城区的面积只有2031.8平方千米。虽然总地域相对辽阔，但城镇面积并不算大。想来只能是对自己家乡的一片热爱之情和兰州历史的厚重所带来的自豪感，才能让年轻人将家乡自褒为"我们大兰州"吧。

在地图上，从兰州到漠河、到抚远、到南沙群岛、到乌孜别里山口，其直线距离大约都是2000多千米。北京是祖国的心脏，而兰州是祖国陆域版图的中心，孙中山先生称之为"陆都"，它还是"陇海线"连接"兰新线"的重要支点。

兰州连接了7个省（地区）：陕西、甘肃、宁夏、青海、西藏、新疆和四川。兰州是新亚欧大陆桥中国段的五大中心城市之一，这5个城市分别是乌鲁木齐、兰州、西安、郑州和徐州。不仅如此，兰州处在我国三大高原内蒙古高原、黄土高原、青藏高原交界的中心位置；向北穿过宁夏可达内蒙古，向东通过宁夏、陇东可与陕北连成一片，向南可达青藏高原的边缘——甘南藏族自治州。

兰州经济和科研的繁荣是由其地理位置的特殊性造就的。

兰州"土不土"？可能自己人觉得"土"——到处都是黄土。就像我，十几岁到二十几岁时总是有一种"崇外"心理。向南看有成都，向东看有西安，向北看，有银川和呼和浩特，都是大名鼎鼎的地方，家乡的光芒却一直都被忽略了。

兰州除了是重要的交通枢纽和物流中转站，也是我国重要的科研基地，人才密度全国名列前茅。这里有1200多家科研机构，39名科学院院士和工程院院士，9个国家重点实验室，每年的科研成果共计400多项，高校云集，科研人员达10万人之多[①]，这是兰州最硬的底气。

因人文商业的重要性，兰州是名副其实的"丝路重镇"。同时，兰州也是国家十佳避暑旅游城市，甘肃更是"亚洲最佳旅行地第一名"。看我"吹"得厉害吧，其实我并没有夸张，只是以张扬的方式把这些都说了出来——我不是为了让兰州人引以为荣，而是为了消除大家对兰州的固有印象——很多人都是通过"兰州拉面"才知道"兰州"的，这使得兰州人非常恼火，其实兰州并没有"兰州拉面"，只有"牛肉面"。

▲ 正宗的兰州牛肉面

---

① 数据来源：《2023年兰州市国民经济和社会发展统计公报》。——编者注。

神话、文学、艺术、科研

兰州古代遗迹众多，文物数量庞大。而《丝路花雨》《大梦敦煌》这些舞蹈艺术作品的创作，更是兰州的点睛之笔。兰州的甘肃大剧院、兰州大剧院、黄河剧院都会有不定期的演出。还有位于兰州永昌南路的甘肃陇剧院，也有很不错的甘肃地方特色戏曲节目。

九州台

兰州有个古代神话地名，那就是"九州台"。在白塔山白塔寺中白塔的一侧，现在还立有一块"禹王岣嵝碑"。吕不韦收录在《吕氏春秋》里的散文《有史览》记述了："天有九野，地有九州，土有九山，山有九塞，泽有九薮（sǒu，指的是有浅水和草滩的沼泽地带），风有八等，水有六川……"相传大禹治水时，路经兰州，登台查看了黄河水情，并用神斧劈开了"桑园子峡"，随后洪水夺峡而泄，兰州成为陆地。大禹在九州台指点"九州"形胜，即：冀州、兖（yǎn）

州、青州、徐州、扬州、荆州、豫州、梁州、雍州这"九州"。所谓"九州"，就是中原、中土、神州之意。战国时期，它已经成为中国的代称。汉朝时，"九州"的地理范围得以确立，也就是自汉朝起，"九州"成了中源地区的代称，"九州"也有了天圆地方、地大物博、气势恢弘之意。

▲ 清朝的白塔寺与现在的白塔寺

兰州的"九州台"上有一座文庙，现在叫"国学馆"。沿着罗九公路向前，还可以到达"文溯阁"，这里收藏着一套国宝——"四库全书"。从这里也能到兰州碑林的草圣阁，还可以直达白塔山公园的最高处，免得爬山了。

▲ 文溯阁，四库全书藏书馆

兰州的九州台还有一个特别之处，它是黄土高原土层最厚的几处地点之一，有"黄土高原之宗"的称号。

国学馆里的"棂星门"

如今在九州台上，有一个兰州国学馆，庭院中央供奉着孔子的塑像，而它曾经有个名字——皋兰文庙。这两年此地也没什么香火，因为大多数去兰州国学馆的人，是为了去看黄河的河景的，这里有个免费的停车场，停起车来也比较方便。

皋兰文庙并非兰州府文庙，是皋兰县文庙迁址而来的。皋兰县文庙始建于清乾隆五年（1740年），原址位于现今的张掖路中段。清朝

▼ 兰州国学馆

的皋兰县,与现在的皋兰县并非同一概念。这件事情要交代清楚,要颇费周章,我尽量说简单些。

乾隆三年(1738年)以前,兰州的"行政建置"有点特殊。当时的兰州已经成为甘肃省的省会,有甘肃巡抚、甘肃布政使司、甘肃按察使司——也就是说,军事长官、省长、高等法院院长都在这里办公。但是,当时的兰州还归临洮府管辖,属于县级散州,像我们现在的县级市。在兰州办公的只有"省领导"和"县领导","市领导"却在临洮——就是说甘肃省的省会这时候还在一个县城里。这种尴尬局面在康熙、雍正两朝持续了几十年。乾隆三年时,当时的甘肃巡抚元展成联合一众官员,向朝廷奏请改编兰州的行政建置。自此,临洮府的府治狄道县(现临洮县),迁到了兰州更名为皋兰县,临洮府移驻兰州,为兰州府(市级兰州府)。以前兰州(县级兰州)的州治移驻狄道县,狄道县更名为狄道州——就是把临洮的市级行政单位迁到了兰州,把兰州的县级行政单位迁到了临洮。是不是有点蒙?我把当时的建置与现在的行政建置类比来讲,但实际上二者并不完全等同。兰州府领六个县级建置,即皋兰县、狄道州、河州(今临夏回族自治州)、渭源县、靖远县、金县(今榆中县)。所以皋兰县文庙,其实就是县级的文庙。兰州府文庙是市级的文庙,都在兰州市。[①]那时候还没有区的概念,县级大概等同于区级——就是兰州市"皋兰区"(这是我为了有助于理解而自己编的)。所以皋兰县文庙,其实就是区级文

---

① 古时文庙只能建到县级,而隍庙则可以建到乡镇级。——编者注。

庙。兰州府文庙是市级的文庙，它们都在兰州市。

到了乾隆五年（1740年），元展成将康熙年间靖逆侯张勇的旧宅改建为皋兰县文庙。当时的皋兰县文庙形制比较罕见，特殊之处就在于，它利用旧城墙上的通远门作为文庙的魁星阁，此造型全国仅此一家。

新中国成立以后，皋兰文庙原址还保留有很多古代建筑，如尊经阁、大成殿等。1984年，皋兰县文庙被评定为市级文物保护单位。2002年，因城市建设需要，皋兰县文庙迁址九州台，就是现在兰州国学馆的位置。当时，尊经阁和大成殿这些文物建筑也都迁来了这里。

现今的国学馆里，还能看到被保留下来的清朝建筑，也能看到新增的孟子、老子、庄子等许多古代先贤和文学大家的塑像，以及一部分石刻形式的经典著作，如《道德经》《滕王阁序》《兰亭集序》《论语》等。这里人杰地灵、文蕴深厚，学子们周末是不是应该常来这里逛逛啊？

在中国大多数的文庙前，都立有一道"棂星门"。这道门，有的为木制，有的为石制，立于文庙的中轴线上——源自古代的"乌头染"。

什么是"棂星门"？

"棂星门"出现在明洪武十五年（1382年）以后的文庙中，也称"二柱门"，是古代牌楼的一种。

"棂星门"的"棂"是"窗棂"的"棂"，就是窗框的意思，《说文解字》中释为：栏杆中间的格子或雕花。"棂"里套的是"星"，就是窗框里套的是繁星宇宙，寓意知识如同浩瀚星海。所以"棂星门"

被称为"天田",意思是窗棂中间的"星田","棂星"也称为"天田星"。这个说法可以追溯到《后汉书·志·祭祀下》中,原文为:"旧说,星谓天田星也。一曰,龙左角为天田官,主谷。"

龙的角说的就是二十八星宿中的东方青龙第一宿——角宿。角宿有两颗主要的亮星,分别代表青龙的左角和右角。黄道就从这两颗星星之间穿过。所以"角星"在古代就被称为"天门"或"天官"。"黄道"还记得吗？可以理解为地球公转的轨道。春分日和秋分日想起来了吗？

黄道的轨迹穿过角宿,意味着七曜都要从这个"天门"中间穿过去。七曜指荧惑星（火星）、辰星（水星）、岁星（木星）、大白星（金星）、镇星（土星）、太阳星（太阳）和太阴星（月亮）。七曜日对应的就是星期,正确的顺序是：日月火水木金土。分别对应从星期日到星期六的七天。现在你理解什么是"星期"了吗？星期就是星辰运行的周期。

所以,穿过"棂星门"就打开了通往宇宙奥秘之门。在我看来,此"棂星门"的位置颇有讲究。兰州国学馆的"棂星门"既是文庙的正门,也是九州台的山门,与皋兰山山顶的魁星阁（即兰州三台阁,所供奉为西方白虎第一宿奎星,"魁星"是"奎星"的俗称）遥相辉映,不知是有意为之还是巧合,文庙和魁星阁都设在了高山之上,将兰州"夹"于其中。

棂星门是天象之门,也被广泛运用在皇室、宫殿之中,象征王权的统治地位。有时在陵墓中也会设棂星门,意味着亡灵穿越此门进入天堂。

文庙向后两千米处，存放的就是现存中国古代最大规模的丛书，被誉为东方文化金字塔的《四库全书》。

文溯阁《四库全书》

在辽宁沈阳的故宫博物院里，有一座清朝皇家的藏书楼——文溯阁。它是仿照明朝"天一阁"建造的。天一阁建于明嘉靖年间，位于浙江宁波市，现成立了"天一阁博物院"。它是我国现存历史最悠久的私家藏书院，也是世界上最古老的三大家族藏书院之一。天一阁的名字出自"河图洛书"中的"天一生水，地六成之"，与"二十八星宿"和"黄道十二宫"有密切联系。"河图洛书"是古代星象图，简单来说，就是单数为阳，双数为阴。《易经》中有"河出图，洛出书"的说法，天一阁存放书籍，其意可解为"宇宙奥秘之所在"。

清乾隆三十八年（1773年），因编修《四库全书》，天一阁献出638部藏书，其中473部被采录。为彰显天一阁的卓越贡献，存放《四库全书》的"四库七阁"，均仿天一阁建造。

接下来，我们来聊聊《四库全书》，再来聊聊为何兰州的九州台会存放《四库全书》。

《四库全书》是清乾隆年间，由乾隆皇帝下令，组织纪晓岚和诸多高官、学士一起编修的关于中国文化的大型丛书。主修人员有380

位，抄写人员有3800位，历时13年完成。

《四库全书》是现存的对中国古典文化总结得最全面、最系统的典籍，内容涵盖天文地理、工商农耕、医药哲史等方方面面。几乎古代所有的学科，在其中都能追根溯源。但它的编纂过程，同时也是清朝之前所有学科和书籍的浩劫——为适应清朝统治者的需要，很多古代典籍被禁毁。

《四库全书》是按照经、史、子、集四部来纂修的，所以被称为"四库"。经部包含了易、书、诗、礼、春秋、孝经、五经总义、四书、乐、小学10类；史部包含了正史、编年、纪事本末、别史、杂史、诏令奏议、传记、史钞、载记、时令、地理、职官、政书、目录、史评15类；子部分为儒家、兵家、法家、农家、医家、天文算法、术数、艺术、谱录、杂家、类书、小说家、释家、道家14类；集部分为楚辞、别集、总集、诗文评、词曲5类。

《四库全书》成书之后，额外抄写了六部，这七部书，分别藏于"北四阁"和"南三阁"。其中"北四阁"为北京故宫博物馆里的文渊阁、辽宁沈阳故宫博物馆里的文溯阁、北京圆明园中的文源阁、河北承德避暑山庄内的文津阁；而"南三阁"则为镇江金山寺内的文宗阁、杭州西湖旁孤山圣因寺中的文澜阁（现在是浙江省博物馆）、扬州天宁寺旁的文汇阁。

七部《四库全书》历经200多年时间的洗礼，如今仅存三部半，分别是文渊阁、文溯阁、文津阁、文澜阁这四阁内收藏的原本。文渊阁本现存于台北故宫博物院；文津阁本存于北京国家图书馆，它也是国家图书馆的镇馆之宝；文澜阁留存的半部《四库全书》，现已抄录补齐，收藏于浙江省博物馆；文溯阁本现收藏在兰州九州台，就在距兰州国学馆不足两千米处新建的文溯阁藏书楼内。

你一定很好奇，沈阳文溯阁的《四库全书》怎么会不远万里来到大西北呢？这到底是怎么一回事？

沈阳文溯阁的《四库全书》来兰州，是出于战备考虑的。民国时期，由于各种的原因，《四库全书》数次离开沈阳文溯阁，流离失所。直到新中国成立后的1966年9月，辽宁省文化厅向文化部提出建议，将文溯阁所藏《四库全书》调离沈阳。文化部决定将《四库全书》转移至西北，并指定甘肃省图书馆收藏。此后，文溯阁《四库全书》才彻底在甘肃安了家。

1966年9月，甘肃、辽宁两省在沈阳故宫博物院完成了交接仪式，签订了交接书，历时一个星期，行程3000余千米，才将文溯阁《四库全书》由火车运送到兰州。《四库全书》到达兰州后，先是被永登县的鲁土司衙门妙因寺保管，在这里待了将近5年。后因距离城市较远，甘肃省为《四库全书》选择了第二个保管地址，即距离兰州市60千米的榆中县甘草店版本图书馆。甘草店版本图书馆是《四库全书》的专库，存放四库全书34年。20世纪90年代，不再需要战备保护后，《四库全书》才逐渐出现在人们的视野中。

2001年，文溯阁藏书楼在兰州市九州台奠基。2005年，专门为《四库全书》定制的沉甸甸的香樟木书箱被抬进了九州台的藏书楼，从此归甘肃省图书馆保管。《四库全书》来兰州已经快60年了，我之前在省图书馆购入一套《四库全书》影印版的珍藏本——这是省图自己印制的四本高清扫描版本——当时听说，2024年九州台的文溯阁藏书楼就会对外开放[①]，不如我们在此相约。

甘肃省图书馆里的敦煌遗书

甘肃省图书馆创立于1916年，也就是清政府实行"新政"的时期。当时提出要在京师和各省治设立图书馆，所以甘肃提学使俞明震去上海购置了图书，计划在兰州筹建图书馆。在运回图书的途中，辛亥革命爆发，所购图书在陕西的兵乱中散失。后民间又倡议再次筹建，起初图书馆设在现今五泉山文昌宫址处（因为这里以前是五泉书院），并定名"甘肃公立图书馆"。同年迁往武都路兰园的西侧。到了1932年，图书馆更名为"甘肃省立图书馆"，1942年又更名为"甘肃省立兰州图书馆"。新中国成立后，该馆与"国立兰州图书馆"合并，更名为"兰州人民图书馆"。1951年又改为"西北人民图书馆"，1953年定"甘肃省图书馆"之名称，并沿用至今。

这所图书馆自初设时直到新中国成立前，由于经费拮据无钱购买图书，馆藏图书基本靠征集和捐赠来补充，所藏图书都珍贵无比，且来之不易。

[①] 本书出版时，此处尚未对外开放。——编者注。

即便是在动荡的年代里，甘肃省图书馆也一直持续进行着"敦煌遗书"的收集工作。甘肃省图书馆所藏经书均钤（qián，盖印）有编号，年代详尽，而且馆藏经卷多在卷尾写有购买价格。

"敦煌遗书"也称"敦煌写本"，它随着敦煌藏经洞被发现而面世。藏经洞的发现是中华文化的"喜"，却是中国人的"悲"。它的面世，使得我们对中国古代的文化、经济、哲学、宗教、军事、语言等方面的研究有了重要依据和素材。但因为它面世在中国最"羸弱"的时期，导致大部分的珍贵经卷流往海外或惨遭损毁。

藏经洞是住在莫高窟的道士王圆箓无意中发现的。当时，王道士将这些经卷或私藏，或送给当地的官员，又或转手卖与他人。这导致藏经洞内的文物大量流失。

敦煌遗书面世之初的20年间，被一些所谓的探险家、考古学家以各种手段大量掠往国外，其中就包括英国的斯坦因、日本的大谷探险队、法国的伯希和、俄国的奥登堡。清政府能反应过来，是因为伯希和在北京六国饭店洋洋得意地展览了他的"战利品"。当时王国维和罗振玉极为愤慨，多方奔走，上书清政府，才使得"敦煌遗书"终于受到了一定程度的保护。敦煌藏经洞内出土了5万多件文物，清政府控制了王圆箓后仅仅收缴了8600余卷经卷，却整整装了18个箱子，运了6车才运到北京，这些经卷收藏于京师图书馆和国家图书馆。

敦煌经卷现分藏于十几个国家的几十个图书馆中，留在中国的其实只占了其中的一小部分。中国的经卷大部分收藏于国家图书馆，甘肃省图书馆内也藏有一部分。

反弹琵琶伎乐天

如果你到了兰州，一定要去黄河剧院看一场演出。从1979年5月23日开始，这个剧院就在持续不断地上演同一场舞蹈演出。

中国古典舞的概念是由中国戏曲艺术家欧阳予倩在1950年首次提出的，有新古典舞、汉唐舞、敦煌舞三大流派。古典舞不同于古代舞蹈，它是结合了中国的戏曲、武术和国外的芭蕾舞训练体系而产生的中国当代舞蹈类别。古典舞则更强调其历史特性。

改革开放初期，中国文艺走向复兴，而吹响冲锋号的就是一部名为《丝路花雨》的舞剧。这部舞剧的诞生也使得敦煌舞登上了中国舞蹈历史的舞台。今年，我有幸收到读者出版社赠予的《甘肃名片》礼盒，这使我受宠若惊。礼盒中包含了非常珍贵的甘肃青年作家陈晓斌著述的《丝路花雨·诞生》一书，书里详细介绍了甘肃歌舞剧团《丝路花雨》舞剧从创作到走向世界的过程。

翻开这本书，首先看到的是这样一段话，"《阇（shé）多伽本身经》讲佛陀在成正觉以前，转世五百五十次，其中包括：一次石工，一次雕刻工，一次舞蹈家。"这段话或许就是《丝路花雨》的创作核心。

甘肃歌舞剧团创作组的工作人员在将近两个月的时间内攀爬研究了敦煌492个洞窟内的壁画，最后在被称为"大漠隐士"的前敦煌研究院院长段文杰先生的指导下，确定了以112号窟内敦煌伎乐"反弹琵琶"的舞姿，作为《丝路花雨》舞台剧舞蹈的创作核心——画工"神笔张"的形象也出自段老之口。

甘肃歌舞剧团找出了每一幅舞姿壁画的关联性。把静止的壁画以动态的形式从遥远的年代鲜活地带到了我们的面前。

当飞天洒下漫天的花雨，戈壁古道上驼铃阵阵，波斯商队穿过漫天黄沙缓缓走来。36岁的波斯商队首领伊努斯被埋在沙中。好心的画工神笔张救起了生命垂危的伊努斯，神笔张年仅12岁的女儿英娘却被强人窦虎掳走。5年后，伊努斯在街头遇见了卖艺的英娘，他赎回了英娘，神笔张得以与女儿团聚。英娘因与父亲团聚而翩翩起舞，她的舞姿启示了神笔张，神笔张便把反弹琵琶的舞姿绘于壁画之上。后市令（管理市场的官员）看上了英娘，欲强征官伎。英娘只得拜伊努斯为义父，随其远走波斯避祸。英娘在波斯生活了3年，学习了波斯舞蹈，也向波斯人传授了中国舞艺和刺绣技艺。当伊努斯再次奉命出使唐朝时，携英娘一起归国，"反弹琵琶伎乐天"的刺绣便留在了波斯。当年英娘外逃，神笔张身披枷锁在石窟内作画，因太过思念女儿，以致精神恍惚，时常在梦中与女儿英娘在天宫相聚，身边围绕着起舞的伎乐天、荷花童子、凭栏仙女和美音鸟。

伊努斯与英娘一起使唐时，市令指使窦虎抢劫伊努斯的商队，神笔张点燃烽火报警，没成想却被乱箭射杀，友谊热血染红了丝路黄沙。后在敦煌的二十七国交易会上，霓裳（cháng）羽衣舞、印度舞等多国舞蹈相继呈现。英娘乔装入场起舞，趁机揭穿了市令的罪行，河西节度使就此铲除恶人，丝路终得一片祥和。

飞天又一次抛洒下了吉祥花雨，丝路一片畅通，友谊绵长。

这是我根据看到的台本，记述的《丝路花雨》的简要剧情。这部作品作为中华人民共和国成立30周年的献礼，在1979年10月1日的晚上7点登上了人民大会堂的舞台。这部陇原儿女在国家重大庆典的献礼舞剧获得了人民大会堂里经久不息的掌声。次年，《丝路花雨》被文化部授予"庆祝中华人民共和国成立三十周年献礼创作一等奖"和"演出一等奖"的荣誉。

从此，《丝路花雨》声名大振，在全国各地巡回演出。全国文艺界代表都给出了极高的评价，盛况空前。《天津日报》化用杜甫《赠花卿》的名句，发表了《此舞只因天上有，人间难得几回看——〈丝路花雨〉轰动津门》的报道。

1983年除夕，《丝路花雨》被翻拍成电影后，在甘肃省人民政府礼堂首映。

自1981年5月赴朝演出开始至今的40年间，《丝路花雨》共出访了40多个国家，演出2800余场，全球观众超过450万人。这一纪录在舞蹈界迄今无人能及。而其开创的"敦煌舞"，已延伸出诸多优秀的作品，如《大梦敦煌》《千手观音》等优秀名作。它的创作也让世人记住了"反弹琵琶伎乐天"的经典敦煌形象。

《丝路花雨》舞剧在兰州黄河剧院已经实现常态化演出，有空来兰，不妨一睹风采。

敦煌医学

在甘肃，与敦煌相关的学问研究，不仅仅局限在美术、舞蹈、音乐、历史、军事、宗教等学科上。还有一门显学，那就是"敦煌医学"。兰州有很多的大学：兰州大学、西北师范大学、西北民族大学、兰州理工大学、兰州交通大学、兰州政法大学……高校众多，科研成果卓著。其中兰州大学最为知名，算是兰州高校中的佼佼者了。

可是我想说的这所大学其实并不那么起眼，它与兰州大学仅一墙之隔。但它对中国医学的发展可谓劳苦功高。我上中学时，就住在这所大学正门对面的楼上，每天上学都要路过这里。

▲ 甘肃省中医药大学

2023年8月，在第四届中国（甘肃）中医药产业博览会上，"敦煌医学数据库"首次发布。这是一个专门针对"敦煌医学"的数字化平台，共享了来自敦煌地区的经卷、简牍、帛书上所记载的医药信息。对"敦煌医学"和传统中医药领域的教学和科研具有重大的意义。"敦煌医学"这个概念，并不是在近些年才出现的，早在1984年，当时的甘肃中医学院就已经提出。因此，在那时"敦煌医学研究室"就已经成立。经过多年的发展，甘肃中医学院已更名为甘肃中医药大学，而对于"敦煌医学"的研究也迈入了新的征程。

目前，敦煌医学的临床中心已经在甘肃中医药大学附属医院成立。而"敦煌医学"的研究成果不断呈现，例如，《敦煌医学大全》《敦煌古医籍考释》《敦煌医粹》《敦煌中医药全书》，以及这次的"敦煌医学数据库"。在"敦煌医学数据库"中，研发人员可以查询到这门学科的特有文献和相关研究论文。

敦煌医学的覆盖范围极广，是一门非常大的学问。其中包含的不仅仅是汉方医学，还有回鹘医学、西夏医学、吐蕃医学等，涉及医经、草本、医方、针灸、藏象等方方面面，对内科、外科、儿科、妇科、男科等都有涉猎。不仅有失传的医术、医方，更能为留世医典辨真。

敦煌医学的理论体系，现已贯穿整个甘肃中医药大学的教学和科研领域，而"敦煌医学研究所"也成了甘肃中医药大学的基础医学院。

在甘肃中医药大学，还有两个比较特殊的学院，那就是药学院和国际教育学院。听学院的名称，好像没什么特别的，但是它们的研究课题却会让你眼前一亮。药学院设有西北中藏药协同创新办公室，旨在为国家医疗机构、医药生产企业等单位培养农业资源开发和中药检验等多个领域的优秀人才。国际教育学院也叫"丝绸之路中医药发展研究院",这个学院不仅与丝绸之路上的多个国家共同合作开展中医药文化的交流,还配合"敦煌医学"的研究,牵头"世界中医药学会联合会敦煌医学研究及文化传承专业委员会",并基于甘肃的中藏药资源,展开对"敦煌古医方"的研究。

甘肃中医药大学的前身"甘肃中医学院"成立于1978年,其分校之一"甘南藏医学院"如今已发展为甘肃中医药大学藏医学院,并一直在开展对藏医药的深入研究。目前,甘肃中医药大学图书馆内所藏纸质文献就已接近100万册,更有电子图书250万册,电子期刊110余万册。甘肃中医药大学现在拥有4所直属附属医院,7所非直属附属医院。这所大学也是西北地区唯一一所能授予博士学位的中医药类高校。

这里再分享一条"宝藏"信息——甘肃有很多国宝级中医,如果患了疑难病症,可以来我们省的中医院求医试试。

贰 雁落兰州

雁滩

清·邓隆

滩声连夜雨,风景似江南。
红叶孤舟渡,白云五柳庄。
波平鱼自在,天迥雁回翔。
欲觅伊人宅,蒹葭水一方。

邓隆是清末时的学者，也是官员，光绪年间中进士，参与了《甘肃通志》的编修。他用一首浅显的诗，描绘了雁滩似江南的美景。第一句似乎就令人联想到了李商隐的《夜雨寄北》，不过邓隆听到的是西北河滩上的夜雨声，而并非巴山的"秋池夜雨"。从"红叶孤舟"，我们看出了他秋日泛舟在雁滩滩涂之间河道里的情形。"五柳庄"代指陶渊明的居所，看来雁滩确实是有世外桃源的。这里水波平缓，天际遥远，鱼儿自在，大雁回翔。好似《蒹葭》里描述的伊人居所，"在水一方"。

兰州是黄河中的岛屿

既然前面我们解释了兰州的"兰",又说到了"九州"。那我们再解释一下"州"吧。"州"字所见年代比"兰"字更早,在甲骨文中就已经出现。

川,代表河流,"巛"(kuài)之水汇为"川"也,溪流汇聚成大河即为"川"。

"州"就是河流中间的浅滩,"川"中的三个点,就是河中间的小岛。

"兰州"就是由黄河中间的岛屿组成的。其实现在看兰州的地貌,可能你会觉得不太好理解——明明黄河是穿城而过的,为什么说兰州是黄河中间的岛屿呢?

那就得从"雁滩"说起了。兰州有很多地名都跟"滩"有关系。前面我们提到了"黄河楼"的所在地"马滩",西固区还有蛤蟆滩、青春滩、夹滩、新河滩,七里河区有崔家大滩、骚狐滩、马滩,安宁区有黄家滩、刘家滩、夹河滩、张家滩、孔家滩、马家滩、和平滩、迎门滩、河湾滩,城关区有段家滩等"十八滩"。

刻在兰州人骨子里的"思雁情结"

"鸿雁于飞,集于中泽。"这句诗出自《诗经·小雅》,描绘的是鸿雁在空中翩翩飞舞,聚集在沼泽中央的情景。自古以来,中国人对雁就有着特殊的情结,雁象征着团结,象征着坚韧,更象征着思念远方的愁情。

要问兰州哪个滩最知名,哪个滩最大,那当然是最为瞩目的"雁滩"了。明朝以前,这里鸿雁栖息,芦荻(dí,形似芦苇,水边生长)丛生。

兰州的黄河岸边有很多的雕塑,有一座雕塑可能是其中最不起眼的——"平沙落雁",又名"芳洲思雁"。这座雕塑与我同年诞生,看样子是不锈钢的,它的中间有洞,旁边还有几块大的鹅卵石,我小时候经常在这里钻来钻去。这座雕塑位于滩尖子的南面——"滩尖子"就是雁滩西南角的那个"尖儿",很好理解吧?

这座雕塑诉说着大雁是从这个"尖儿"落入兰州的。

《平沙落雁》本是一首古琴曲,明朝已有记载,相传其作者是唐朝的陈子昂,作《登幽州台歌》的陈子昂。不过也有其他的说法。

▲ 黄河岸边的"平沙落雁"雕塑

登幽州台歌

唐·陈子昂

前不见古人,后不见来者。

念天地之悠悠,独怆然而涕下。

"平沙落雁"是兰州新十景之一,而在湖南的"潇湘八景"中,也有一处"平沙落雁"。

南岳衡山七十二峰之首"回雁峰",号称南岳第一峰,上面有座"雁峰寺",距今已有1500年的历史。相传"北雁南飞"的终点就是那里,雁在那里过冬,来年春暖回到雁滩。两处"平沙落雁"交相辉映，这让我联想到商朝早期楚人的祖先、高阳氏的后人——火神祝融。他带领族人从黄河流域大规模南迁至长江流域，在那里安家立业，所以就兰州的"平沙落雁"而言，我认为其"芳洲思雁"的名字更为贴切，期盼南雁飞归。

说到楚人，左公——左宗棠就是湖南湘阴县人。"平沙落雁"向东不远处就是读者大道，读者大道北面的马路上还留着传说左宗棠当年栽种的汉柳，这些百年古柳，便是左公留下的印迹。

▲ 读者大道旁传说左宗棠栽种的左公柳

男儿有志在四方　　左公戎马驰西陇

雁是左宗棠的思念，也是兰州人的诗歌。

1867年，左宗棠督办新疆军务，出兵平叛西北。兰州是进入新疆的"跳板"，他来时带着"楚军"，跟西北军一路越过河西走廊，收复新疆。在此期间，他竭力改善陕甘的困难局面，禁止烧荒，植树造林，督办学堂，改善民生，建设工厂——他在西北栽种的树木从甘肃陇东地区一直延伸至新疆地区，共计近200万棵。仅在甘肃境内，就有约100万棵杨树和柳树。这些树在清末受到严格的保护，甚至有牲畜啃死了树，都要将动物杀死，其主人还要栽活同样的树。

除了在西北植树造林，左公对兰州还有许多突出贡献，像兰州制造局、兰州织呢局这些近现代工业，都是由他创办的。他来兰州时，刚好是"洋务运动"时期。兰州制造局就在兰州东方红广场西口的畅家巷里，它的前身是西安机器局，由左宗棠通过胡雪岩向汇丰银行借款筹建。19世纪70年代，左宗棠将西安机器局迁至兰州，并在20世纪初将其更名为兰州机器局。兰州制造局造的是什么呢？造枪，造炮！这里造出来的土炮相比洋人的火炮毫不逊色。在收复新疆的过程中，这些武器起到了至关重要的作用——当时攻克酒泉所用的2400枚弹药就是兰州制造局生产的。

除了制造局，兰州还有火药局，其制造的火药使兰州制造局生产的枪炮摆脱了进口的限制，火药质量在左宗棠的监督下，也得到了大幅提升。

中国有五大牧区，分别是内蒙古、新疆、青海、西藏和甘肃。西北的毛麻产量很大，甘肃的家庭纺织业从全国来看都首屈一指，而兰州产的褐绒更曾驰名天下。

秦汉以前，甘肃的先民就已经"拈毛成线，织褐为衣了"。明代，人们用山羊绒纺织的绒褐最为精美，轻软的高级毛纺品为贡品，达官贵人争相购置，成为兰州的支柱产业。清代更有众多褐绒作坊。这些都被记载在《重修皋兰县志》中。那什么是"褐绒"呢？褐为粗陋的毛纺织品，绒则为细软的毛纺织品。道光年间，"来兰收绒者岁以万计"。左宗棠创办的兰州织呢局，不仅解决了军需问题，也在一定程度上解决了当时市场对呢料的需求。兰州织呢局也是中国第一个毛纺织工厂。解放战争后，兰州织呢局衍生出一毛厂、二毛厂等企业，这使得兰州成为新中国成立后的毛纺织重镇。

兰州大学第二医院内有两座古建筑，其中一座名为"至公堂"。这里是"甘肃贡院"的旧址，也是曾经左宗棠"监考"的办公室。在它大门门头的匾额上，由左公亲笔提款的"至公堂"三个大字依然清晰可见——当然，门头的匾额是块复制品，原匾额保存在"至公堂"内的科举博物馆中，同时，左公书写的最大的一副楹联也收藏于此。

▲ 兰州大学第二医院内的"至公堂"

　　这座贡院设立以前，甘肃、青海、宁夏、新疆等地的学子想要参加乡试，就只能远赴陕西，一路长途跋涉，途中多有卧病情形。为解决学子们的这一难题，左宗棠向朝廷奏请"陕甘分闱"并获准。而甘肃贡院就是此后由民间筹资50万两白银所建的。这座贡院占地210亩（约0.14平方千米），规模宏大。如今，这个博物馆会在每周三免费向公众开放。

　　1866—1881年，左宗棠在兰州度过了15个春秋，收复新疆、建设西北。1885年，74岁的左宗棠在福州病逝。次年，兰州敕建两座祠堂，一座名为"左公祠"，就位于现兰州二中，可惜的是，它已在抗日战争时期被日本炸毁；另一座名为"湘阴祠"，位于甘肃贡院的西北角，也就是如今的兰州大学第二医院内，不过在20世纪六七十年代被拆除了。抗日战争时期修建的城南公路，也就是今天城关区的"白银路"，最初为了纪念左宗棠而被命名为"左公西路"。20世纪80年代，国内对这位功勋卓越的历史人物愈发重视，如今，他的丰功伟绩已被写进教科书中，他的爱国精神值得我辈发扬与传承。

左宗棠的墨宝留在了兰州

有一年中秋，左宗棠在总督署新建的澄清阁题联：

　　　　万山不隔中秋月
　　　　千年复见黄河清

"陕甘总督署"就是明朝的"肃王府"。这副楹联是个集句，它的上半句出自黄庭坚的"万山不隔中秋月，一雁能传寄远书"；下半句左宗棠自称出自一句民间俗语——"千年难见黄河清"。传说黄河水每五百年清澈一次，"夫黄河清而圣人生"。左宗棠的西北功绩，洗净了黄河中的泥沙，当这位远来的"楚人"惊叹于黄河兰州段清澈的河水时，却不知自己业已挑起了整个中华民族的脊梁。如今黄河水每逢冬季都会变得清澈，这离不开黄河子民世世代代的治理。

"天下事总要有人干，陕甘不可无总督，一介书生，数年兼圻（qí，兼圻：官制名，清朝总督多管两省或三省，故称兼圻），岂可避难就易哉。"这就是"左公官风"。

当左宗棠隔着关山万重,望见家乡湖南的"中秋月"时,也不知有无想到,楚人的先祖本就依傍着黄河而生,此番西北之行,也算是回了老家。

如今,在新修于南滨河东路上的望河亭内,我们还可以看到这副楹联的复刻品。站在望河亭内,河对岸便是甘肃大剧院、甘肃会展中心等一系列代表新兰州的建筑群。河岸边杨柳成荫,河道宽阔,河流湍急。看着钢筋混凝土筑就的兰州,突然有种和谐感——中华文明紧随着黄河的流动由西向东、由北向南地不停发展。

兰州市现在还能找到一个供奉左公的祠堂,就位于兰州市五泉山公园的"清虚府"内。五泉之一的"甘露泉"也在这里。

▲ 五泉山清虚府内的左公祠

兰州的大雁就在雁滩

我们继续聊聊"雁",兰州人的"思雁"情结是难以磨灭的。男儿当怀"鸿鹄之志",这就是对汉武帝刘彻最真实的写照。

秋风辞

汉·刘彻

秋风起兮白云飞,草木黄落兮雁南归。

兰有秀兮菊有芳,怀佳人兮不能忘。

泛楼船兮济汾河,横中流兮扬素波。

箫鼓鸣兮发棹(zhào)歌,欢乐极兮哀情多。

少壮几时兮奈老何!

《秋风辞》虽远为汉朝的诗句,其用词却让现代人也能一目了然。刘彻所抒情感,也是每个普通男儿所怀的凌云之志,所思佳人之情,以及对时光飞逝的感慨!

可惜我只在幼时见过一两次大雁,前些年在黄河的河洲上还能看到些红嘴鸥和绿头鸭子。可能是为了美观，也可能是为了防洪，如今这些河洲、河滩早已不见了踪影。随着城市化的发展和治理河道，滩涂逐渐消失，未来"芳洲思雁"或许只能思而无期了。

雁滩有个"雁滩公园"，雁滩公园中有座"五泉书院"，这座书院始建于清朝嘉庆二年，官办。旧址在城关区贤后街东口北端，就是通渭路"马三洋芋片"往黄河方向走几步的地方，现在已经是民居了。为了保护这座书院所藏《十三经》《古文渊鉴》《学堂渐通》等重要书籍，1998年在通渭路扩建时，把这座书院迁入了"雁滩公园"。为什么要提这座书院呢？因为它是清朝兰州四大书院之一，四大书院分别是兰山书院、五泉书院、求古书院、皋兰书院。除了这四大书院，兰州还有六德书院、青城书院、丰广书院、肇兴书院。这些书院在清朝大大地推动了兰州文化事业和教育的发展。

▲ 雁滩公园内的五泉书院

继续聊雁滩，雁滩并不是一个滩，而是十八个滩连成一片，每个滩都有自己的名称。曾经黄河在雁滩有四条支流，分别是小河、沙窝河、中河和南河，现在能见到的只有南河了。

这四条河把雁滩划分成大大小小的十八个河滩，这就是"雁滩十八滩"。由于洪涝和黄河河道的不断变化，"雁滩十八滩"的名称其实也在不断变更。1949年建国之前，雁滩有大雁滩、小雁滩、后河滩、段家滩上滩、段家滩下滩、张家滩、刘家滩、羊滩、均家滩、滩尖子、苏家滩、南面滩、北面滩、骆驼滩、宋家滩、李家滩、中河滩子和高滩。

更早还有人心滩、蘑菇滩、石沟滩、红柳滩、王家小滩、刘家小滩、水挂滩、明沙滩等滩涂名称出现。

建国后，兰州人把四条支流拦截了，筑起了环滩堤坝，疏通了南河和中河，改造沼泽，填平了很多洼地，使得"雁滩十八滩"基本连在了一起，所以十八滩就消失了，但有些名称还是保留了。在后来的改造过程中，"中河"也只剩下一个社区名称了。

值得一提的是，在"平沙落雁"雕塑处，沿着黄河方向走出100米左右，就是南河进入雁滩的河口，河口的东面有座体育公园，体育公园向东还有个兰州全民健身中心。这里在我小时候叫"鸭嘴滩"，以前我爸经常带我来这里游泳。"鸭嘴滩"这个地名很有来头。1958年中河滩开掘为人工湖，设立雁滩公园（北湖区），1965年将人工湖东段辟为游泳池，因其形长而窄，故名"鸭嘴滩"。

近期我与我爸提了这件事，他说因为南河入口在此，所以以前这里也叫"岔河子"。

  他说现在滩尖子处的那个万达商场以前是雁滩游泳池，冬天是溜冰场。这点我也有点印象，但不知是否准确。20世纪八九十年代，天水路在雁滩家具市场这个位置是中断的，要绕道去南河滩。现在的南河新村的位置以前是座铁桥，进雁滩要从那边过去。这些我并没什么记忆，因为那时我还小甚至还没出生，因此也不知道他说得是否准确。

  城市的现代化愈加快速，来这里栖息的大雁越来越少，现在几乎看不到了。虽然兰州有湿地公园，但也不过是个市民公园。人类领地的过度扩张，使得水鸟逃离，鸟类数量并不繁盛。也许我们应该留给动物们更多空间，而不去打扰它们。自从"芳洲思雁"这座雕塑建成已经过去快四十年了，雁滩也已经成为兰州经济发展的标杆，可大雁呢？这里还能被称为"雁滩"吗？

叁

文博兰州

兰州藏宝

当代·沐泽川

古道丝路越重关,张骞持杖拓雍凉。
佛宝光耀三危山,铜马铁骑踏军帐。
东汉墨纸烽燧简,魏晋传信驿使砖。
白衣寺里多子塔,蓝莲盏中举琼浆。

这是我写的一首概览甘肃文物的诗。兰州作为甘肃省的省会，不仅有本地出土的珍贵文物，更有对整个甘肃省乃至在全国都具有重要意义的历史文物。文物太多，无法一一罗列和讲述，在此详述几件具有代表性的，帮助大家了解。

旅游标志——马踏飞燕

　　兰州的博物馆有很多，除了甘肃省博物馆，还有甘肃简牍博物馆、兰州市博物馆、甘肃地质博物馆、秦腔博物馆、兰州市地震博物馆、兰州黄河桥梁博物馆、天庆博物馆、甘肃省钱币博物馆等，另外，还有其他的一些陈列馆。我们就先从甘肃省博物馆看起吧。坐上地铁一号线，在西站什字下车，甘肃省博物馆里有4个场馆，最令人期待的国宝"马踏飞燕"，就在二楼的"甘肃丝绸之路文明"展厅里。

▲ 甘肃省博物馆大楼

这匹马出土于甘肃省武威市的雷台汉墓，通体墨绿，都知道"马踏飞燕"和"铜奔马"是它的名字，而它真正的名字叫作"紫燕骝"。据载，汉文帝刘恒有九匹宝马，分别是"赤电""浮云""逸群""绝群""紫燕骝""禄螭骢（cōng）""驎驹""龙子"和"绝尘"，它们被称为"九逸"。刘恒是刘邦的第四子，西汉的第三位皇帝，"文景之治"就是他开创的——这是我国封建王朝的第一个太平盛世。"紫燕骝"指的就是黑鬣（liè）黑尾的红颜色宝马。鬣说的是动物颈部的长毛。

关于"紫燕骝"是有很多诗句流传的。南北朝时期，萧纲就曾写下"紫燕越武，赤兔越空"的诗句，可见"赤兔马"和"紫燕骝"都是宝马良驹。而萧纲就是开创了我国古代文学史上"宫体诗"先河的梁简文帝。

既然这匹马出土于武威"雷台汉墓"，那我们也简单说说"武威"吧！"武威"取的就是它的字面意思——"武功军威"。跟"金城"一样，霍去病击败匈奴以后，占领了休屠王的领地，刘彻为了彰显军威，就又给甘肃定了个地名，武威郡！

现今武威市的主城区是凉州区所在地。凉州区在汉朝被称为"姑臧"，此发音来源于匈奴语。这里原是匈奴人的"盖臧城"。无论是凉州、武威，还是姑臧，都得名于汉武帝时期。

汉武帝时期武威郡下辖十县，治所在姑臧，就是如今的凉州区。西汉的"凉州"是"十三刺史部"之一，东汉时期演化为"州"治。

凉州作为西汉的"刺史部"，所辖范围与现今的甘肃省相当。因为无论是金城郡、陇西郡、张掖郡、敦煌郡、武威郡，还是酒泉郡、河西四郡加上陇右二郡，都是凉州刺史部的地盘，也就是说，当时的"甘肃省省会"就在现今的武威凉州区——姑臧城就是省会。

那"凉州"这一名称从何而来呢？还是刘彻——他可真是个爱起名的皇帝！与其雄才大略相比，这点儿爱起名的嗜好倒也无可厚非，他确实是个有壮志雄心的男儿。

河西走廊，风沙漫天，苦寒之地！荒凉戈壁，人烟稀少，以前是月氏和匈奴人的牧场，虽然被汉朝占据，有移民进入，仍然比不上传统汉地的人口数量。故而用"凉州"二字最为贴切。

武威到底是几朝古都？好像学术界很难有定论。有说"六朝古都"的，北朝时期，这里曾是前凉、后凉、南凉、北凉、西凉的都城，加上隋唐时期李轨建立的"大凉"，可以号称"六朝古都"。也有说"八朝"的，还有说"十三朝"的，说武威是与"洛阳"齐名的"小十三朝古都"——洛阳城的"姑臧遗风"的确来自前凉。

话说回来，"雷台汉墓"的"雷台"指的不是地址，而是建筑。这匹英姿飒爽的铜奔马"紫燕骝"，就是在雷台下出土的。这座雷台就位于武威市凉州区的北关中路。

"雷台"是古代祭祀雷神的场地，算是中国古代城市的标配建筑了。古代风、雨、雷、电各有祭坛，基本都以高台的形式出现。明朝时，这里还修建了一座"雷祖观"。

"雷台汉墓"，顾名思义，雷台底下有汉朝墓葬。或许是年代久远，后人不知道这里的高大土堆是东汉时期的墓葬封土，所以在此修筑高台，祭祀雷神。

它是在1969年"备战备荒"，人们挖防空洞时，被无意间刨开的。从这座墓中挖出来的是东汉末年某张姓将军的陪葬品，不仅有铜奔马"紫燕骝"，还有一整套的汉朝"铜车马仪仗俑队"。

▲ 武威雷台汉墓出土的铜车马仪仗俑队

为什么说它们规格高、价值高呢？这套文物不仅数量多，还印证了"汉官威仪"、华夏正统、皇室礼仪的典章制度。这套铜车马，彰显了汉朝威慑四方的气势。

让铜奔马真正声名大噪的，是1971年郭沫若的到访。当时他和夫人陪同柬埔寨王国的首相宾努到访西北，在甘肃省博物馆中看到了铜奔马，大加惊叹，回到北京就将这匹"马"宣传了出去。此后铜奔马就去了欧美14国"出差"，并被四海盛赞！

不过，中国这么多文物，为什么要选中一匹"马"作为旅游标志呢？首先，古人远足靠的都是马，马是古人重要的交通工具。其次，铜奔马无论从寓意还是造型上，都符合中国人的审美观。"马踏飞燕"就是"天马行空"，它的美学价值和平衡思想代表的是中国古代青铜器铸造的最高技艺。这种精湛的制造技术，也象征着汉朝政权的统治力量。所以它不仅是一个文物，是我国古代文化的伟大成就，更是镇国之宝。

"溥天之下，莫非王土；率土之滨，莫非王臣"，这句出自《诗经·小雅·谷风之什·北山》的名句，几千年来一直被每一个中国人所认同。大一统王朝所带来的和平、繁荣、稳定的生活，一直是中华民族所期盼的。既然"溥天之下，莫非王土"，那么，在所有的城市你都会见到这匹"紫燕骝"。

甘肃省博物馆收藏了国家一级文物686件，其中国宝级的就有16件。下面，我们再讲几件不能错过的国宝吧。

千年前的邮差——驿使图

1982年，邮电部①发行了一张纪念邮票，这张邮票上呈现的是出土于嘉峪关市新城魏晋5号墓葬的绘于一块墓砖上的画。

画上是一个手持信件的邮差，跨着一匹疾驰的骏马。简单几笔勾勒出的动态形象，展示了我国长达3000多年的邮驿历史中早期传递信件的方式。这幅画描绘的也是我国至今发现的最早的"邮差"形象，而画上的这位驿使毫无疑问地成了中国邮政的"形象大使"。目前，这块画砖跟铜奔马在一个展厅中展出。

我国是世界上最早建立信息传递组织的国家。在甘肃，可谓"五里一燧，十里一墩，三十里一堡，百里一城塞"。而这些军事设施的信息联通、消息传递，靠的都是邮驿。

自春秋起，我国就有了最早的传递信息的组织。汉地均置有"传舍"，以供邮差歇宿。"邮"字指的是在各国边境线上传递文书

---

① 1998年3月，根据第九届全国人民代表大会第一次会议批准，在邮电部和电子工业部的基础上建立信息产业部，邮电部被撤销。信息产业部现已并入工业和信息化部。——编者注。

的客舍，从"垂"部。"垂"就是边境线，所以"邮"的繁体字写作"郵"。在通路上，也就是官道上，每30里（约15千米）就会置驿一所，还设置"邮亭"以供传递文书。自秦朝开始，"邮"字就成了信息通信的专有名词。汉代霍去病平定河西走廊后，在丝绸之路甘肃段沿线"列置邮亭"。到了唐朝，甚至在水路上还设有"水驿"。

在我国历史上，无论是地方割据政权，还是大一统的王朝，都拥有各自的通信系统。各政权之间的通信、中央向地方下达政令，或是上报军情、灾情等一系列通信工作，都要依赖一个工种——驿卒。

"驿"说的是传递消息或公文的官马，有别于"馹"（rì）——"馹"说的是传递消息用的马车，也被称为"传车"。"驿卒"就是古代担任驿站差役的士卒，战国时被称为"邮驿"，汉承秦制都称其为"驿骑"，唐朝叫作"驿夫"。

"驿使"在古代属于徭役，多为官府向百姓摊派的无偿劳动，身份低微，受到统治阶级的超强度压迫。有一首唐诗《水夫谣》，描述的就是驿卒所受的徭役之苦。

水夫谣

唐·王建

苦哉生长当驿边，官家使我牵驿船。
辛苦日多乐日少，水宿沙行如海鸟。
逆风上水万斛重，前驿迢迢后森森。
半夜缘堤雪和雨，受他驱遣还复去。

夜寒衣湿披短蓑，臆穿足裂忍痛何！
到明辛苦无处说，齐声腾踏牵船歌。
一间茅屋何所值，父母之乡去不得。
我愿此水作平田，长使水夫不怨天。

这就是唐朝的"水驿"，远离父母，生活辛苦。无论下雪下雨，都要披上蓑衣受官府驱遣，牵着驿船去往下一个驿站。这些驿卒中，有些是被迫服役的百姓，还有些是触犯了律令的囚徒，被发配到边远地区充当"驿户"。

安史之乱时，史思明就利用唐朝发达的邮驿系统，把樱桃从洛阳送到了在河北的儿子史朝义的手中。唐朝中后期，上至唐玄宗本人，下到各级官吏，都利用官驿为私利服务，腐败滋生。虽说如此，唐律对于从事驿使的驿卒管理却非常严格，无论是马匹还是书信，稍有差池，驿卒都要受到处置，最重的刑罚莫过于绞刑，若是重大机密被泄露，便会被处绞刑。驿卒的粮饷也经常被上级官吏克扣。

杨贵妃爱吃荔枝，唐玄宗就专门派人从南方把荔枝送到了长安。所以杜牧才嘲讽地写下《过华清宫绝句》里的"一骑红尘妃子笑，无人知是荔枝来"，但也从侧面说明了我国隋唐时期邮驿系统的发达，同时也体现了在封建体制下，为满足统治阶级的穷奢极欲，劳苦大众所遭受的剥削也是非常残酷的。

所以在唐武宗时期，爆发了我国历史上第一次"驿夫起义"。公元841年，有两个人因罪被发配到肃州（甘肃酒泉）为驿户，因为不堪忍受繁重的劳动，在当地发动了起义。起义军在起义过程中得到了驿卒的支持。由于驿卒都受过军事化训练，起义军三天就打到了沙洲（敦煌）。当时，敦煌一带被吐蕃占领，民众曾多次反抗吐蕃的统治者，民间的兵器、铁制农具均被没收，敦煌城里根本没有兵器用以抵抗。管理敦煌的吐蕃长官"节儿"烧掉了自己的居所，挥剑自裁。而起义军阻断了信息的往来，使得上层官员难以掌控局面，震动了当时的唐朝统治阶级。后来，管理敦煌的官员诱捕了起义的驿户，这次起义才被镇压下去。

这一件事被记载在敦煌遗书S.1438背《书仪》残卷当中。

在古代"驿卒"中，还有一个代表人物，那就是"闯王"李自成。李自成是陕西榆林米脂县人，据说是西夏党项拓跋氏后裔。因家里欠债，他自小在地主家牧羊，21岁时打伤了地主逃到银川，成为一名驿卒——也就是说李自成是当时的一名"快递小哥"。明末时阶级矛盾尖锐，千万农民衣不遮体，食不果腹，纷纷揭竿而起。

而在此之前，为了粉碎日本侵略朝鲜进而侵略大明的计划，明万历年间的朝鲜战争一打就是7年（1592—1598年）。虽然最终明朝取得了胜利，但长期的战争消耗了明王朝大量的人力、财力和物力，慢慢地拖垮了国家的财政。由此，腐败滋生、国力衰弱。1628年，又因后金为祸，辽东兵饷吃紧。无奈之下，官府又大量裁撤驿站驿卒，使得"快递小哥"李自成彻底失业。

"驿夫无所得食，至相率从流贼为乱"。驿卒和驿站大量裁撤，由此出现了一大批无业游民。又赶上数百年一遇的大旱灾，大量生计无着的驿卒加入农民起义的队伍，大明王朝就此覆灭。这给我们带来了一个启示：快递小哥不能失业！这当然是一句玩笑话，只是希望你看这些历史时，别觉得那么枯燥。

"驿使图砖"出土于魏晋墓葬，它是一块壁画砖石。20世纪70年代，嘉峪关新城地区发现了古墓13座，其中有8座带有彩绘壁砖，出土了彩绘壁砖660块。这些壁画取材广泛，内容丰富，不仅具有考古价值，还具有很高的美术研究价值。每一块彩砖上都有不一样的主题，农桑畜牧，欢朋宴饮，就像是一块块拼图，为我们呈现出了魏晋时期河西地区的民俗生活场景。

▲ 嘉峪关魏晋壁画墓里的驿使图砖

关乎佛教传入中国的"大云寺五重舍利宝函"和《报父母恩重经变》图轴

佛教起源于尼泊尔，也有主张起源于古印度的。大概在西汉末年，佛教传入我国，东汉时进入我国中原地区。也是因为西汉末年，西域战乱，很多高僧来东土避难，佛教才有机会在我国中原地带传播。

不过，关于佛教的传入，历史上还流传着这样一段故事——东汉光武帝的儿子，也就是汉明帝刘庄，夜宿南宫，晚上做了一个梦。他梦见一个身高六丈、头顶放光的金人，自西而来，在南宫上方盘旋。第二天上朝时，他把这个梦告诉了大臣们。有人就指出："西方有神，称为佛，就像您梦到的样子。"刘庄就派了大臣去西域拜佛求经。

求经人在路上遇到了大月氏和中印度的两位高僧，便邀请此二人跟随前往中原汉地。当时他们牵着一匹驮着佛教经卷的白马。这二人就是迦叶摩腾和竺法兰。他们来到中原，受命于汉明帝刘庄，翻译出了中国历史上第一部佛教经书《四十二章经》——看过《鹿鼎记》的朋友对这个名字一定不陌生。回归正题，在他们之后又有很多僧人来到中原，不断翻译经文。刘庄专门为他们修建了位于洛阳的"白马寺"。取名"白马"，为的就是纪念"白马驮经"这件事。在这之前，汉字中的"寺"字并不专指宗教场所，而是指代官方机构署名的。在白马寺建成前，迦叶摩腾和竺法兰被安置在负责外交事务的官署——鸿胪寺。白马寺建成后，他们就从鸿胪寺搬了过去。从此"寺"字就跟宗教搭上了关系。东汉末年白马寺被烧毁过，后来在曹丕当政时重建。

三国两晋时期，大量的佛经被引入中原。之后"五胡乱华"，西晋灭亡。东晋十六国期间，虽然号称十六国，但当时先后存在过二十多个政权。只是这十六国国祚（zuò，国家政权维持的时间）比较长，具有代表性。连年的战乱，使得百姓们更加渴望和平、安定的生活。社会秩序的崩坏使得儒学和道教已经不能迎合统治阶层的需求了，上层的统治者也开始对佛教产生兴趣。佛教的"因果轮回""转世"之说就此奠定了民众基础。

从此，佛教文化的发展步入了正轨。佛教为了适应在中国本土文化，也开始吸收中国的传统文化，早期佛教在中国的发展一直依附于儒家和道家思想。

举个例子，有一部名为《佛说父母恩重难报经》的经书，就是为了适应中国的"孝"文化，而由中国的佛教徒撰写的，并非印度原产。出土于敦煌藏经洞的绢画文物——北宋的《报父母恩重经变》图轴，我们现在依然可以在甘肃省博物馆内见到。

尽管发展迅速，但是随着佛教僧侣不断增多，很多人不再从事生产劳动，国家税收显著下降，土地荒废，社会危机加剧。这种现象威胁到了正常的社会秩序，所以也发生过史称"三武灭佛"的"灭佛"行动，导致大量寺庙被毁，佛像被破坏，很多僧侣被迫还俗。

▲《报父母恩重经变》图轴

曹魏时期，发生了一个在中国文化史上具有划时代意义的事件。儒家一直讲究"身体发肤，受之父母"。而在曹魏甘露五年，中国历史上的第一场佛教受戒仪式在白马寺举行。这是佛教史上的重大事件，有一个叫朱士行的人，登上了戒坛，跪在佛像面前完成了受戒，成为中国第一个本土"比丘"。

后世"白马寺"屡经破坏和重建，因其在佛教的地位实在崇高，1972年又经历了一次全面修复，并在后来持续的维修复建中达到了今天的规模。

白马寺是中国历史上第一座官办寺院，在上千年的历史长河中对佛教在中原各地，以及越南、朝鲜、日本甚至欧美国家的传播都起到了重要作用。洛阳的白马寺是世界佛教的白马寺，是全世界各地佛教信徒参拜的圣地。它是一所国际化程度极高的寺院，有着"天下第一寺"的誉称。

魏晋南北朝时期，佛教在中原大地上已经开始蓬勃发展了，其间佛教的传播因为北魏太武帝和北周武帝的"灭佛行动"受到了一定程度的挫败。至隋朝建立，隋文帝杨坚自幼受到佛教的浸染，个人对佛教一贯保持推崇态度，甚至在诏书中也发心立愿，要护持佛法。

杨坚在位期间，僧众开始增多，他以官方的名义，大力修建佛塔、佛寺。他沿袭了南北朝时期的僧官制度，建立了中央佛教事务机构。仅在隋仁寿年间（601—604年），全国就增加了上百座佛塔。隋文帝发动了三次全国性的大规模建设佛教舍利塔的运动。他做的这一切使得佛教终于与儒学、道教并列，成为中国的三大思想文化之一。自此儒、释、道三家，开始正式地并行于中国此后的各个朝代。

隋初定都长安城并兴建大兴城，唐朝的都城（恢复原名长安）就是以隋代的大兴城为基础建设的，城基就在现今西安北郊的龙首原处。大兴城向西300千米处就是现今甘肃省的平凉地区。平凉地区有个县叫泾川。隋代时废郡置州，"泾州"一词出现在史书上。

泾川一直是古代丝路要冲，与陕西长武县接壤，是秦陇的交界处，也是从隋代都城"大兴"往来西域的第一重镇。

杨坚刚登基时，在全国各州都敕建了大兴国寺，泾州当然也不例外。泾州的大兴国寺就是唐朝的"大云寺"、宋代的"龙兴寺"，几经更名，又几度重建。

在隋文帝杨坚过六十大寿的这一天，他下了一道诏书：在三十个州每个州建一座舍利塔，供养佛祖释迦牟尼的舍利。

泾州是大兴城的门户，也是佛教进入中原的重要通道。千百年来，无论是佛法东传，还是西去取经，都要经过泾川这个关陇要塞。公元601年10月，十四颗舍利被众多高僧护送到泾州大兴国寺建好的舍利塔和地宫下面，装入琉璃瓶中，放入石函，在地宫中供奉。

到唐朝武则天称帝时，国号改为"周"，史称"武周"。在隋代大兴国寺遗址上兴建大云寺。

武周时期，原大兴国寺旁的舍利塔已经残破不堪，几乎倒塌，只留存部分塔基，荒草丛生，建塔年月不详，只是推测塔下可能埋有佛骨舍利。于是孟诜（shēn）资助寺院挖开了塔基，结果发现了一座隋代地宫和供奉其中的石函，以及琉璃瓶里的十四粒佛骨舍利。孟诜是孟子的三十一世孙，他是唐朝的医学家、食疗专家，进士及第，后因失言得罪了武则天，被贬为台州司马，晚年隐居炼制方药。他生前著有《食疗本草》，被誉为"食疗界鼻祖"。

当石函出土时，人们看到了上面的铭文："神皇圣地，地同天合，星拱辰居，川朝海纳。"这里面的"神皇"与武则天的尊号"圣母神皇"恰巧暗合。这件事就被呈报给了武则天。君权神授,这件事成为武则天统治力量的重磅基石。

上千年的男尊女卑思想,使得她即位时障碍重重。刚好佛教有这么一部《大方等大云经》,简称《大云经》,讲述了几位女性菩萨转世做了国王的故事。在《大云经》中可见佛教并不排斥女性称帝的思想,再加上舍利宝函问世,她就敕令在洛阳、长安和各州都修建一座大云寺,并在寺院内讲经说法,传诵《大云经》。泾州大云寺重建了舍利塔,给装有舍利子的琉璃瓶棺椁加身,以"套娃"形式重新放进了地宫中,在地宫上方建起了大雄宝殿、舍利塔和钟楼等建筑。这些都被记录于石函上的铭文里。舍利套函从外到内,依次为石函、铜匣、银椁、金棺、宝瓶。

泾州大云寺就此成为武则天较为重视的一座皇家寺院。

1964年,"大云寺五重舍利宝函"出土,震惊了考古界。1971年,郭沫若来兰州,见到了除石函外的另四层,确定了石函的重要性。之后,留在泾川的石函连同这一整套"大云寺五重舍利宝函"都被运往甘肃省博物馆保管。到了2015年,甘肃省文物局将宝函十四粒舍利子中的四粒调拨而出,使之回归泾川大云寺,被供奉于地宫中。

平凉是一座颇具魅力的城市,这里不仅有"大云寺"地宫,还有1969年发现的北周"宝宁寺"的舍利塔宝函,比大云寺宝函早了123年。

2013年泾川修路时,大云寺的另一处地宫被发现,这里出土了270多件文物,均属于北宋时期所建的"龙兴寺"文物。地宫内有陶棺，上有铭文"诸佛舍利二千余粒并佛牙佛骨于本院文殊菩萨殿内葬之"。这里还出土了六个舍利瓶，四层佛骨，大大小小千余颗佛舍利，是北宋龙兴寺的僧人经过24年奔波收集来的。

▲ 大云寺五重舍利宝函

怎么会有这么多舍利子？不用惊讶，传说，佛骨舍利总共有108000份，由古印度的八个国王分别带回本国造塔供养。后来阿阇世王将其所藏的4升释迦牟尼舍利骨被分装在84000个宝匣内，供奉于古印度摩揭陀国阿育王统一后的国土各处。

东汉以后，天竺僧人频繁来中原传播教义，发现中国人有祖先崇拜和"鬼神"崇拜的思想，利用这一点，他们大肆宣扬佛陀的神迹，供奉佛骨这件事其实也是佛教融入中原文化时所表现出来的适应性。

"铜奔马"和"大云寺五重舍利宝函"这两件国宝虽然被收藏在甘肃省博物馆，但毕竟不是在兰州出土的，只因为甘肃省博物馆地处兰州这样一个省会城市，我们才能方便地看到它们。不过，接下来我们要说的这件文物，与兰州的关系则是非常密切的。

"法帖之祖"——《淳化阁帖》肃府本

被誉为"法帖之祖"的《淳化阁帖》,也被收藏在甘肃省博物馆内。要认识这件文物,我们要从四个时间点上来解析它。

▲ 甘博《淳化阁帖》石碑和拓片

第一个时间点——北宋

《淳化阁帖》是我国北宋时期官方编印的历史上第一部大型书艺法帖。北宋淳化三年，也就是公元992年，宋太祖赵炅（jiǒng，这个人本名赵匡义，因犯兄长赵匡胤的名讳改名赵光义，即位后又改名赵炅）命翰林侍书王著把当时宫廷所藏的书法珍品编成了十卷摹本。王著自称是王羲之的后人，而"翰林"就是"翰林院"，"侍书"指的是侍奉皇帝学习书法的官员——其实在宋代只有王著一人做过此官。编次完毕的摹本又利用枣木摹刻成帖，分为上五卷和下五卷。

上五卷包含了淳化三年以前，历代名家、帝王，以及知名官宦和民间所藏的百家书法作品。而下五卷则专门收录了王羲之、王献之父子的草书作品。

这些书法枣木摹本制成以后，就被存放于皇宫中的"淳化阁"内。《淳化阁帖》的全名其实是《淳化秘阁法帖》。

这些木版刻成之后，赐给了一些皇亲国戚和近臣。然而，在四十年后的宋仁宗庆历年间，宫中突起大火，将收藏于北宋宫廷中的《淳化阁帖》枣木母版烧毁。后历经北宋灭亡直到元朝建立，政权更迭，战火纷飞，拓印帖本很多已经不知所踪，毁于战火。使得留存下来的帖本愈加珍贵，而且市面上仿制品甚多，真假难辨。至元朝时，《淳化阁帖》就已经成为稀世珍宝。

第二个时间点——明朝

文化发展在历朝历代都是重中之重。明太祖朱元璋也深以为然，他对于皇室子女的教育非常重视。他把手里的一本宋初拓（tà）印本送给了他的第十四个儿子明肃王——朱楧（yǎng）。

当时朱元璋为了巩固政权，不仅在全国加强行省建设，还分封了诸王。朱楧就被朱元璋派遣镇守甘肃，被封为第一代肃王。不过，最初他是在张掖建蕃。有一种说法是他来到兰州巡视，看到这里依山傍水，地势险要，又有黄河作为天然屏障，易守难攻，就决定迁蕃兰州，但其实他来兰州的真实原因是迫于建文帝的政治压力，后文我们再聊肃王来兰州建藩的事。

朱楧就蕃时，就把宋本的《淳化阁帖》一并带来了，并作为家传宝物，秘藏于肃王府内库中，传习保存长达两百余年。这期间他的后人们常有取出习书的记载。

后来他的第八世孙肃宪王朱绅尧，趁南京的金石篆刻家温如玉、张应兰师徒来兰之际，请二人将他手里的这件家传之宝重新镌刻于陕西富平所产的"铜磐石"之上，总共144块。直到朱元璋第九世孙、末代肃王朱识鋐（hóng）才圆满完成《淳化阁帖》的镌刻任务。在明朝天启年间还保留有一份明朝原刻的拓本，保存完好，纸墨俱佳。现今也被收入甘肃省博物馆内，被称为《淳化阁帖》的"善本"。

明朝末期，李自成起义，他的部将贺锦烧毁了肃王府，这部兰州版的《淳化阁帖》就被藏入肃王府的一口深井当中，幸免于难。

第三个时间点——清朝

　　清康熙十四年（1675年），吴三桂叛清。叛乱中陕西提督王辅臣起兵响应，攻破兰州，然后用《淳化阁帖》的刻石做了马槽，清兵反攻围城时，守军又损毁了两块，作为"炮子"（我理解的"炮子"，可能就是砸碎丢向敌人的石块）。至此，这批刻石就只剩下142块了。

　　后来这些刻石被存放在了现今的兰州二中所在地，也就是当时的"兰州府文庙"当中。如今文庙的大成殿还在兰州二中院内。有说是兰州翰林刘尔炘放进去的，有说是左宗棠放进去的。但不可否认的是，自从它进入"兰州文庙"的"尊经阁"，直至兰州二中的前身"志果中学"在1939年建立后，哪怕是抗战时日军轰炸兰州时，它也没有再发生过损毁。

第四个时间点——民国至建国后

　　这里要提到一个人，赵元贞。他的家乡是甘肃庆阳市的正宁县。他也是正宁县历史上第一位留美博士。

　　"兰州志果中学"在文庙原址上创办时，他被聘为校长。他在任期间，将《淳化阁帖》的石刻埋藏于文庙大成殿南面的院子里。

　　赵元贞于1974年去世，在他去世前的1966年，这份中华民族的珍贵文化宝藏被挖出来移交至甘肃省博物馆。

以上就是《淳化阁帖》"肃府本"的大概身世，如果要详细解说，恐怕是需要单独撰写一本书的。不过《淳化阁帖》留存于世的不止有甘肃省博物馆的石刻和善本，还有上海图书馆的《宋拓淳化阁帖》、中国历史博物馆馆藏、香港中文大学所藏残本，这三部被称为"泉州本"。还有浙江图书馆馆藏、故宫博物院馆藏、陕西碑林博物馆馆藏等。

《淳化阁帖》本身自然是弥足珍贵的，因为它收录了先秦到隋唐直至北宋初年，一千多年间的书法墨迹，包含103人的420幅书法作品。简单地说，中国的书法，在唐宋之前就已基本定型，后人大都是在前人路数上的创新。《淳化阁帖》流传至今已有千余年，但无论是下令制作的赵炅和编著人王著，或是肃王朱楧（yǎng）和他的后人，还有刘尔炘又或是左宗棠和赵元贞，历经政权更迭，时代变迁，这份对中华文化坚定不移的守护，守住的是我们的根，守住的是整个中华文明的辉煌成就，他们必将名垂千古，他们也已然名垂千古！

如果想观摩被翻刻成碑的《淳化阁帖》，可以去白塔山的兰州碑林逛逛，在这里，不仅能看到《淳化阁帖》石碑，还能看到石碑上的"敦煌写经"和"秦汉简牍"等。也可以去兰州二中的大成殿看看，在那里，你可以看到现代摹刻的、从全国各地收集来的、各个版本的、近乎完整的《淳化阁帖》石刻。

▲ 兰州碑林

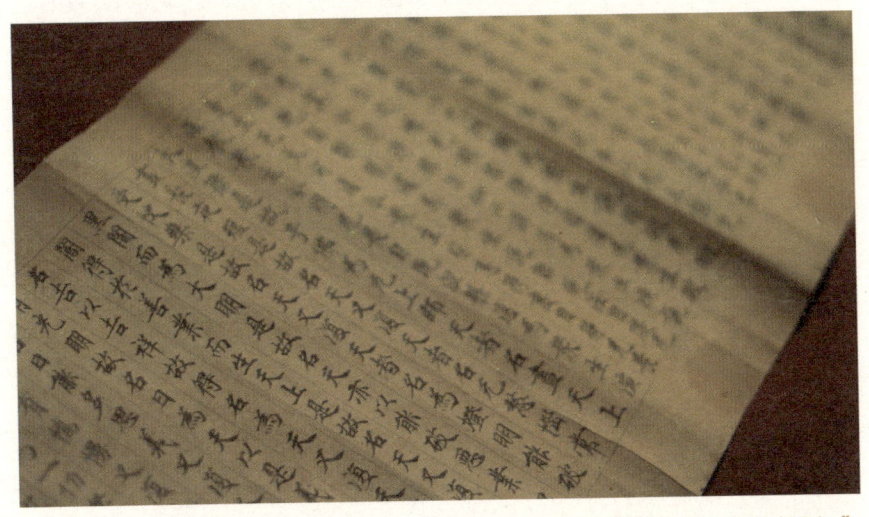

▲ 甘肃省博物馆内的"敦煌写经"

火爆全网的"蓝莲盏"

甘肃省博物馆汇聚的是整个甘肃的精美文物,而"丝绸之路"展馆又是甘肃省博物馆最经典的文物展区。在这个展区接近出口的位置有一个立在道路中间的展柜,展柜里放着一件无比惊艳的玻璃展品:元朝"莲花形玻璃托盏"。我是从2023年的9月份开始写这本书的,当时这件展品已经外出展览一年之久,不知道现在它有没有重新回到这个展柜。希望你能有眼福,尽早地看到这件精美绝伦的文物。

▲ 汪世显墓葬出土的莲花形玻璃托盏

我第一次见到它时,还以为它是瓷器。元朝人好像对青色、蓝色情有独钟。这件托盏所呈现的色彩完全不同于青花瓷的内敛,而是大胆、张扬、鲜艳的蓝色，像是万里晴空的碧蓝，又像是广袤无垠的海蓝，即便是孤零零地立在博物馆的某个角落，也美得让人窒息。

七个向上的莲花花瓣形成茶盏的盏身；下方的托盘内凹，由八瓣莲花组成。这是我国迄今为止出土的最完整的一件元朝玻璃托盏。无论是它的制作工艺、历史研究价值，还是它的艺术价值，都非常高。

它出土于元朝陇右王"汪世显"的家族墓葬。汪世显这个人可不简单，其家族号称出过"三王十国公"，显赫地位从金朝持续到了明朝，共计14代人，370年之久。

汪世显是甘肃巩昌盐川人，也就是定西漳县人，蒙古族。在金元两朝时，汪氏家族势力庞大，手持元朝"虎符"，势力范围从甘肃延伸到四川，家族成员担任军政要务，统领秦州、巩州20余处，可谓是陇西豪门。

汪世显武将出身，曾任金朝的"千夫长"。"千夫长"这个职务是金朝设立的一种官职，也就是"千户"，一直沿用到明朝，世袭制。最初主要授予降服于金朝的汉臣，隶属于"万户"。"万户"统领"千户"，"千户"统领"百户"，以这种分级制度来管理所辖的部族士兵。

在宋、金、元交兵时，汪世显家族逐渐崛起。金朝灭亡后，他率兵投降元朝。他的官职在元朝被保留下来，在他死后他还被追封为"陇西公"。元朝后期，汪氏家族势力被削弱，后又归顺明朝，受到朱元璋的嘉奖。汪世显家族的归顺，帮助当地百姓躲过了两次浩劫。在金元两朝，其家族已经成为该地区的名门望族。

汪氏家族墓葬群是由30个左右的家族墓组成的，其家族墓墓志铭上显示：汪氏家族世代统领六盘山以西，直到河西走廊吐蕃地区。其家族成员很多被记录在正史中，死后多被葬于定西漳县，由此形成了我国现存最集中、保留最完整的元朝墓葬。因元朝常年处在战乱中，所遗存下来的完整墓葬很少。所以汪世显家族墓葬群尤显珍贵。目前，该墓葬群清理出来的文物在800件左右，各种金器、玉串、耳坠、玉器、玉带钩数不胜数。而唯有这套"蓝色玻璃托盏"最为耀眼，堪称"中国古代玻璃制品的瑰宝"。

汪氏家族墓葬群的发现与挖掘，要追溯到1972年夏天，这次挖掘属于抢救性挖掘。当时一场暴雨使得漳河水瞬间猛涨，洪水过后，一座座被冲开的墓葬惊现于世。古墓群占地3万平方米，金银玉器散落一地。从这时开始，直到1990年，甘肃省博物馆和漳县文化馆先后6次清理、发掘了29座墓葬，元朝、明朝文物各附其中。

"蓝莲盏"之所以脱颖而出，是因为它不仅能展现汪氏家族的显赫身份，更加能深刻地说明古代丝绸之路上工匠们技艺的精湛和工艺品产量及品类的丰富。

元朝疆域广阔，其统治者将欧洲、阿拉伯地区、西夏、南宋、金朝等不同地域的工匠们组织起来，形成了规模庞大的官办手工业。这些工匠的手艺和匠籍世代相传，经验得以不断积累，其工艺产品造型精致，美学价值、使用价值极高。

托盏这类器物始于东晋，由汉朝的托盘和耳杯演变而来。即便是唐宋时期，虽茶文化取得了较大的发展，茶具仍然多以瓷器为主。因此，这套玻璃托盏就显得尤为珍贵，一经出土，惊艳世界。

"玻璃"和"琉璃"的祖先是"五色石",是冶炼青铜器的副产品,最早见于战国中期。

我国早期的玻璃制品产量稀少,多限于贵族阶层使用,且颜色单一,绿色、白色居多。所以很多人怀疑"蓝莲盏"是一件舶来品,有可能是随着丝绸之路从中亚地区进入我国的。由于它的莲花造型跟波斯和中亚地区器型有着很大的差别,具有浓郁的佛教色彩,所以研究人员猜测这很可能是一件采用进口的原材料,辅以中式审美加工制造而成的玻璃工艺品。

但无论如何,它是中西文化、经济交融的见证,更是古代丝绸之路的伟大成就之一。

白衣寺里的博物馆

兰州文风的规模化兴起,要从皋兰山上的三台阁说起。这座阁能建起来全靠一个人——肃王朱楧。关于这座"阁"和肃王来兰州建藩这件事我会在"人文兰州"这个章节里讲解。明初时,朱元璋遣自己的第十四个儿子肃王朱楧来到甘肃,起初驻防在甘州(今张掖),建文帝朱允炆削藩之时朱楧迁兰。跟随他到来的还有江南的诸多文士、才子,再加上朱元璋极为重视对子孙们的教育,所以肃王文墨俱佳,兰州文风自此而兴。

除了文风兴起,兰州的建筑业在明朝时期也很繁荣。这就不得不提五泉山、肃王府、鲁土司衙门、兰州城隍庙、金天观等一批建筑,这其中就包括兰州白衣寺。白衣寺里的白衣寺塔历经多次战乱、地震均未遭损毁。民国时期,其周边还发生过一次火药库大爆炸,受到波及的民房大多损毁,这座白塔却依旧坚挺,屹立不倒,十分传奇。

白衣寺塔始建于明崇祯年间,其型制与白塔山上的白塔相似,都是汉地密檐式佛塔和藏传覆钵式佛塔的结合体,从全国来看都极为少见。这种密檐塔体在上、覆钵塔体在下的结合方式,我在甘肃其它地区和甘肃周边省份都未曾一见。

白衣寺因为寺内供奉有"白衣大士像"而得名。它在清道光年间曾被重新修葺，位于今天的兰州市庆阳路240号，也是兰州市博物馆所在地。

白衣寺最初是一所肃王家的寺院，始建于明前期，在崇祯时重修——这时李自成已经发动了起义。顺便提一下，李自成起义地点历来有争议，有一个观点认为是在兰州的榆中县，此观点来自清朝的青城《李氏家谱》"序"，但并未明指李自成，只说"闯乱天下"云云。相比之下，认为李自成起兵于陕西米脂县的观点更具说服力。李自成起兵于崇祯三年（1630年），崇祯四年（1631年）白衣塔建起，也就是说这座塔是末代肃王朱识鋐建的。白衣寺中的白衣塔真名为多子塔，寓意肃王子嗣绵长。在这座塔封顶时，肃王和肃王妃们捐献了大量的金银手饰，藏（zàng）于塔身之中。在1987年对塔身进行加固修整时这些首饰得以出土。多子塔修成十年后，李自成麾下的起义军攻破兰州，末代肃王朱识鋐出逃靖远被俘，后被送至西安李自成处处决，其王妃颜氏（他还有个王妃熊氏也很有知名度）在前文提到的拂云楼上撞碑而亡。那座石碑相传为肃懿王朱缙的诗碑，之后就被命名为"碧血碑"，现置于兰州工人文化宫内。

1981年，兰州市博物馆迁入白衣寺中，博物馆的大门是清朝金塔巷内江西会馆铁柱宫的过厅，迁来白衣寺与多子塔一同作为省级文物保护单位展出。

▲ 兰州工人文化宫，原金天观

◀ 兰州工人文化宫（原金天观）内的明朝碧血碑

▶ 兰州市博物馆内的白衣塔

▼ 兰州市博物馆的白衣塔寺模型

文从简　书于帛

2023年9月7日,坐落于七里河银滩南路的"甘肃简牍博物馆"正式对外开放。这是甘肃简牍博物馆的新馆。很多人不知道的是,甘肃简牍博物馆早在2012年就正式成立了,它是一座国家公益一类专题博物馆。甘肃简牍博物馆新馆距离兰州老街和黄河楼都不远,游览这三处的行程其实可以安排在同一天。目前,甘肃简牍博物馆每天有一至两场的免费讲解,每场持续时间为一个多小时。由于讲解时间经常调整,大家最好提前跟场馆联系了解讲解时间安排。

简牍是中国古代书写用的竹片或木片,通常就是指竹简、木牍,或者竹牍、木简,所以简牍是一个泛指的概念。在东汉纸张出现之前,简牍是主要的文字载体,其次是绢帛和兽皮,这些物品也被合称为"简帛"。无论是我们使用的字体还是书写顺序、书写手法,都承袭了简牍的习惯并加以改进。

竹片编连成册以后,便成了"简册";短文写在木板上就叫作"版牍"。现在我们经常提到的"版权",最早的意义,就是承载文字的载体——"版"。所以购买版权,就是这块"版"有被授权书写这段文字。简牍的用处不同，叫法也不同。文字较多连成"册"的就叫"篇"，一篇包含数册。运用在军事或政治斗争中的文书被称作"檄"，如骆宾王著名的《讨武曌檄》和陈琳的《讨曹操檄》。用作告示的称为"榜"。写信用的木板被称为"检"。书信用的木板尺寸多为一尺，也被称为"尺牍"。故而关于"书写载体"的很多文字都是从"木"从"竹"的，例如，籍、笺、簿、札、椠（qiàn），这些字本身就能说明它们的材质。

▲ 甘肃简牍博物馆

简牍最早可追溯到商朝的甲骨文时期，在殷墟甲骨文中就有对"册"的记载。春秋时期的各种著述中也有对"简策"的记载。在考古发掘中，我们见到的最早的简牍实物出现在战国时期，大多为楚国竹简。简牍的使用一直到东晋时期才逐渐被取代，所以简牍有战国竹简、秦简、楚简、西汉简、东汉简、三国魏晋简等。简牍的发展史不仅是书写材质和装订方式的发展史，更是中国书法的发展史。我们现代人常用的书法字体，或者说字体的几种核心书写方式，在魏晋之前就已经成型——在介绍《淳化阁帖》时我们已经提到，字体的发展到唐宋时期就基本定型了。其实从先秦到魏晋时期，楷书就已经产生了。其演变过程大致是殷甲骨文—周金文—秦小篆—秦隶书—秦草书—汉行书—魏晋楷书。

　　写到这里，我想谈谈自己的个人感受。现代的科技发展很快，工业化使我们的生活质量得到了大幅提升，但我们的文明发展进步的速度却在减缓。商朝始于公元前1600年，到了公元前1046年周朝起始，600年的时间进化出了金文。秦朝始于公元前770年，统一六国后，秦朝政权在公元前207年覆灭，在这不到400年的时间里进化出了篆体、隶书、草书。这个时候隶书基本就已经很接近现代文字的书写方式了。东晋结束于公元420年，随着纸张的逐渐普及，字体发展速度逐渐减缓，按时间极限来算，楷书演变用了600年。现在是2024年，东晋灭亡至今，已经过去了1600多年，我们使用的文字并没有得到大幅的发展，反倒是在文字的运用上退化了不少。可能有人会说，我们不是推行了简体字吗？没错，在民国时期，为了尽快扫盲，众多学者提倡推行白话文。新中国成立后大力推行简体字。实际上，甲骨文出现以后，简化字就已经出现了；而白话文学最早出现于唐宋时期，逐渐流行于元、明、清三朝。

　　纸张发明以前，因简牍、绢帛、兽皮等载体造价高，获取不易，携带不便，对于文字的使用我们一向从"简"，如果文字过多就要书写于"帛"。这就是"简单"的"简"和"竹简"的"简"同字的意义。也就是开头我说的"文从简，书从帛"的意思。"文言文"一向言简意赅，读不懂文言文，是因为你没有把"字"学透——有时候，需要给文字加上一个前缀或者后缀组成词来确定这个字所表达的含义。例如，《论语》里我们最熟悉的一句："学而时习之，不亦说乎？"现在通常认为"说"通"悦"，所以读yuè。翻译成白话是：学习之后，时刻练习，难道不是一件快乐的事吗？在我看来这样的翻译太过牵强，甚至自欺欺人，有违常理！

学习本身就是一件很辛苦的事情，要熟练掌握所学的技能和知识，是一个困难且艰辛的过程。"学习很快乐"，这样的观点跟人性相符吗？谁不想躺在床上玩手机，谁不想天天去酒馆畅饮、潇洒？难道圣人不知道这个道理吗？在我看来，这个"说"取的就是其本字的含义之一：劝解、说（shuì）服。应该翻译为："学习之后时刻练习这件事，难道不需要去劝解、说服吗？"我们用字音标注了字义，如果因错读为常，统一字音，就会曲解文字本身的含义。因为用说（shuō）的字义解释不通就不惜绕道通假"悦"字，来强行解释，使得"学而时习之，不易说乎？"这句话变得浅薄，甚至有自欺欺人的成分。如此一来，孔子岂不是变成了虚伪之人，如此的教学方法怎可让人心服口服？还有后边半句："有朋自远方来，不易乐乎？"这里的"乐"，我们经常释义为喜悦、快乐，所以读lè。当然这样理解也说得通，但我个人认为应当读yuè。因为先秦以前讲究的"礼乐"，

"礼"和"乐"是一体的。所以解释为"有朋自远方来，不应该奏乐吗？不应该歌唱吗？"这就是"礼"。如果按照yuè（说）来读前一句"不亦说（yuè）乎"，又与这一句重韵。故而我个人认为，这两句话的解释都有讹化。

再举个例子，"荨麻疹"，究竟念qián还是xún？打字时输入法提示我应该念xún，我们暂且不说哪种读音正确，先说说"荨麻"这种植物和"荨麻疹"的关联性。荨麻科的植物大都生有细绒，这种绒毛是蜇人的，皮肤接触以后会引发人体的免疫反应，皮肤就会红肿起块，这些肿块的表象，我们就称为"荨麻疹"。由于其他物质也会引起免疫敏感人群的类似反应，皮肤表象与被蜇后相似，所以我们称这种皮肤病为"荨麻疹"。如果把字音区分开了，它们的关联性也就消失了，就会难以找到荨麻疹的发病原因。而治疗过敏最重要的就是要阻断过敏源。

据宋朝《图经本草》中记载：荨麻有毒，可入药。祛风定惊。风湿是一种免疫性疾病，按我个人的理解，如果荨麻有毒，且可祛风，也许是荨麻中所含的毒素能激发人体的免疫反应，从而达到治病的效果。那么在治疗此类疾病时，或许应该对它的使用方法深入研究，而不是直接煎煮，以免破坏其毒素。我不是专业学医的，但中华文化融会贯通，希望我能为专业人士的相关研究提供一点思路。

既然从简牍聊到了医学，那我们就说说简牍和医学的关系。

2012年，在成都北郊金牛区，一个古墓葬群在修建地铁时被意外发现。这个墓葬群出土了我国唯一一台完整的蜀锦织机模型，还有大批的西汉漆器。除此之外，在墓葬群的老关山3号墓中发现的900多支竹简，竹简的内容是失传了上千年的《扁鹊医书》，这引发了医学界的高度关注。这部古代医学著作后来被命名为《天回医简》，并被整理成书出版了。《天回医简》包含八部医书，其内容涉及医学理论、成方和疗法。与之一同出土的还有一件经脉人像，是我国发现最早、最完整的经穴人体模型。在20世纪70年代，湖南马王堆也出土过医学简帛，这些出土文物对于现今留世的医书起到了补充、辨真的作用。在甘肃省博物馆内也陈列着一部出土于武威的汉代医简，其中提到近100味的中药，还有药方、制法、针灸、临床医学等多方面内容。

这些古代简牍不仅能为现代中医药研究提供珍贵的参考，还记载了包含官方文书、时令、节气、科学、天文、立法、社会、人文、军事、家信等方方面面的内容。战国时期的《论语》《尚书》《礼记》，最初都记载于简牍之上。这些早期版本均在后世出土。仅简牍的"出土历史"都可以追溯到西汉。从西汉到宋代，简牍陆续出土了八九次。

既然简牍的出土屡见不鲜，那又为什么在兰州要单独设立一处"简牍博物馆"呢？

迄今为止，我国出土的简牍大约有30万枚，出土地点遍布20多个地区。而湖南、湖北、西北这三个省和地区更被称为"简牍三大重镇"。湖南出土的简牍约为10万枚；1907年至今，甘肃总共出土了8万余枚简牍，甘肃的"汉简"又占了全国汉简总数的80%。这些汉简的出土地点主要分布于天水、敦煌和河西走廊一带，集中在墓葬和烽燧、城廓遗址中。20世纪古文献的四大发现——殷墟甲骨文、居延汉简、敦煌遗书、明清内阁大库档案，其中就包含了汉简。汉简的第一次发现其实跟敦煌藏经洞的发现处于同一时期，也是因同一个人，那就是英国籍匈牙利人——斯坦因（1862—1943年）。他沿着敦煌以北的汉长城烽燧遗址，挖出了3000余枚简牍。由此敦煌学作为一门显学，包含的就不仅仅是石窟、壁画和藏经洞了。斯坦因不止一次来到中国盗掘这些汉简，除了他还有其他国家的考古工作者、探险家，其中就包括瑞典人贝格曼。正是他在汉张掖郡境内，即现在的内蒙古额济纳旗和甘肃金塔县范围内挖出了"居延汉简"。

▲ 东汉医药简牍

甘肃是"汉简之乡"，甘肃简牍博物馆内收藏的简牍总计39465枚，包含放马滩秦简、居延新简、肩水金关汉简、地湾汉简、敦煌马圈湾汉简、魏晋简牍，以及悬泉汉简。除此之外，还有汉纸、帛书、毛笔等驻边军民的一些用品，这些文物也有10664件。但是，甘肃地区也不止此处收藏有简牍，兰州大学图书馆、西北师范大学图书馆、西北民族大学图书馆、甘肃中医药大学图书馆、敦煌研究院、甘肃省图书馆和一些大大小小的市县级图书管也均有收藏。

任何事物的发展都会经历"由简到繁，由繁到简"的过程，了解事物的发展规律，无论是对于社会的进步、文化的宣传或是思考人生存在的意义，都会起到积极的推动作用。弘扬传统文化，不仅仅是为了向世界证明中华文化的渊深、广博、强大和多元，更是为了启迪我们自己的智慧。

瑰宝太多，要亲自看

在兰州的诸多博物馆中，值得一看的宝物还有很多。例如象征仰韶文化的"鲵鱼纹彩陶瓶"和"人头形器口彩陶瓶"，敦煌藏经洞内的绢质《报父母恩重经变图》，还有来自遥远的东罗马帝国的"鎏金银盘"，兰州伏龙坪出土的东汉墨迹纸、华林坪出土的汉朝军司马印、明朝肃王妃的各种首饰和金银玉器，红古的黑陶、武威《仪礼》简、医药简等，不胜枚举，甚至在天庆博物馆中，还有一部影印于台北故宫博物院文渊阁的《四库全书》在对外展出。

博物馆中的文物之多，短时间内是看不完的，我也只能简单介绍一些有特色的、有代表性的，希望你去参观时能看到它们，并了解它们存在的意义。不过，在兰州，也有一些文物不在博物馆里，接下来我们去逛逛其他的风景名胜。

肆

人文兰州

金城名胜
当代·沐泽川

果行育德山中泉,皋兰神奎起山巅。
白塔长河思旧客,铁桥横卧古关前。

五泉山、皋兰山、白塔山和中山铁桥是兰州城区内重要的风景名胜。它们不仅仅景色怡人，点缀着兰州的画卷，也是兰州人文历史的重要依托。

五泉山

　　五泉山，因兰州以前的动物园建设于此，故而它几乎是每一个兰州人儿时的记忆。

五泉
明·黄谏
水绕禅林左右连，萧萧古木带寒烟。
共夸城外新兰若，自是人间小洞天。
僧住上方如罨画，雨余下土应丰年。
明朝再拟共游赏，竹里行厨引涧泉。

　　这是明朝兰州诗人黄探花（黄谏）写下的《五泉》。其实在兰州人的乡土情结里，这座山永远不可抹去。来到五泉山山门，首先看到的就是广场中央的骠骑大将军霍去病塑像，这座塑像是2005年9月落成的。关于他和五泉山的传说兰州人或多或少都知道一些，在这本书的第一个章节里，我已经讲述了这段传说。五泉山的五眼泉分别是：

"蒙泉""惠泉""甘露泉""掬月泉""摸子泉"。

外地人来兰州，有人会把五泉山和皋兰山搞混，其实这也正常，因为五泉山和皋兰山本就是一座山。五泉山就是皋兰山西北麓的山脚，这里的古建筑群初建于元代，明清两代也一直在不停地修葺增建。这里古树成阴，高耸遮天。所以每到夏天，兰州人都喜欢来这里游玩、避暑，尤其是在我儿时，也就是20世纪90年代，这里的情形真的可以用"人满为患"来形容。

我记忆最为深刻的是这里以前有个"恐怖洞"，就是那种游乐性质的主题项目，我去了一次，差点被吓哭了。过去，五泉山公园山门右侧有一道大铁门，里面就是兰州市动物园，我印象中当时的门票大概是3元钱。进了动物园，右手边有一个水泥大坑，里面有棕熊、黑熊。还有飞禽和水鸟栖息的大笼子，里面有大雁、天鹅、野鸭，等等。动物园里面有狮虎山、猴山，后来还有了长颈鹿和大象，动物种类确实挺多。这里曾有个小型的跑马场，我还在里面骑过一种小矮马。我记得那天我爸给我买票时，我一万个不愿意，最后被迫上马，总是担心自己的腿蹭到树上。那次骑小矮马的经历给我留下了一些"心理阴影"。兰州市动物园已经迁至中和镇附近，属安宁区管辖，规模也有所扩大。五泉山的动物园旧址如今已经大门紧闭，其实我倒是觉得这样的动物园放在市区里，市民们去参观也更加方便。

话说远了，说回五泉山本身吧。

五泉山的泉水都是从高处顺势流向山门的。山中的明清古建飞檐翘角，红柱雕梁，廊亭水榭依傍着山势，平铺其间。其实要是有机会

▶ 幼年时，我在五泉山动物园骑小矮马

爬爬皋兰山，从半山腰望向五泉山你就会发现，五泉山在高楼林立的城市间形成了一片绿色的小型绿洲，遮天蔽日的树冠将一方古建包围其间——或许这才是属于中国人的审美，钢筋混凝土的城市对我而言，确实看烦了。

五泉山中小径幽深，清泉涓流，古时的殿宇楼台、荷池廊亭，应接不暇。可以说五泉山其实就是兰州的"古建筑博物馆"。五泉山古建筑群虽然可以追溯至元朝，但还是明朝、清朝的建筑居多，到了民国初年就基本形成了现在的格局。

大多数人对五泉山的建筑和历史知之甚少，以为它不过是一座普通的城市公园而已。事实上，五泉山的建筑里不仅供奉着对兰州有着重大贡献的历史先贤，还存放着极为珍贵的历史文物。此外，兰州市的佛教协会也在五泉山的浚源寺内。

五泉山山门内奉祀着孔子的塑像，山上有供奉华夏始祖伏羲的太昊宫，有祭拜岳飞和左宗棠的清虚府，各地常见的武侯祠、中山堂这些肯定都少不了。

隋唐时，兰州地区有了"五泉县"的建置，宋代设置了"兰泉县"。这两个名字皆因"泉"而得名，可见"五泉"在唐宋时期就已经声名大噪。

五泉山中水

五泉山的五眼泉水各有寓意，算是各有各的功能，被赋予了不同的人文气息。

甘露泉海拔最高，就在清虚府内的山崖下。十年前清虚府西门外的两眼泉水还能看到涓涓细流，最近重游时却发现水量比我儿时减少许多。我想，现在是秋季，雨水充沛，也并非季节性问题。看到泉池，心里难免有些惋怀。甘露泉上建有一座青砖石亭，里面扔了许多游人祈福的钱币。据说在明朝时这里水流充沛，飞泉漱玉，故而它最早的名字应当是"漱玉泉"。清朝同治年间曾重修此处，《老子》有言：天地相合，以降甘露。故而改名为"甘露泉"。据《五泉文萃》记载，2011年此处已做了一次补水改造。

掬月泉和摸子泉两眼泉水挨得很近，在掬月泉的庭院内，有一尊"黑石"，据说是天外陨石，但具体年代难以考证。我年幼时，来此的游人纷纷与黑石合影，并伸手"盘"它，这导致这块石头无比光滑，像是敷了一层蜡膜。听说这块石头可以祛病，所以建议大家以后进了五泉山不要去碰霍去病的塑像了，不如直奔掬月泉院子里的这块陨石。总之，排长队"盘"霍去病塑像下面名牌这事儿大家还是不要干了吧。据说每逢十五，圆月倒影都会直投掬月泉泉心，不过我没有半夜爬过五泉山，特别是以前收门票时，公园晚上就下班了，所以也没真正体验过。

▲ 五泉山甘露泉

▲ 五泉山掬月泉

摸子泉就在掬月泉庭院外，上方是地藏寺。传说手伸入摸子泉中，摸到石子便会生男孩，摸到沙粒就会生女孩，也许此处就是民间传说中地藏王度化转世之人的办公场所吧。摸子泉洞口有一副楹联：糊糊涂涂将佛脚报来，求为父母；明明白白把石头拿去，当是儿孙。

在《诗经·小雅·斯干》中有这么两句：

乃生男子，载寝之床，载衣之裳，载弄之璋。其泣喤喤，朱芾斯皇，室家君王。

乃生女子，载寝之地，载衣之裼，载弄之瓦。无非无仪，唯酒食是议，无父母诒罹。

这就是"弄璋之喜"和"弄瓦之喜"的出处。"璋"指的是一种美玉，"瓦"说的是纺锤。意思是说，如果家里有男丁出生，就给他美玉当作玩具，希望他有如玉一样的品格，将来出人头地，成为君王。如果有女孩儿出生，就给她纺锤当作玩具，希望她能成为一个贤妻良母，不会招来非议，不会给父母招惹麻烦，取的是"男耕女织"之意。

诗中为什么用"瓦"来代指纺锤呢？因为先秦时很多纺锤都还是陶土烧制，所以陶器都统称为"瓦"。

对于生男生女的问题，进入现代社会，大家也没有那么在意了，上千年的男女不平等，到如今除了个别家庭保有"重男轻女"的思想，大部分人都觉得男孩儿女孩儿一样好。

我上学时，摸子泉门口还是收费的，摸一次就要交一次钱，生意好得不得了。如今作为城市公园的一部分，这里已经完全免费了，不过去"摸子"的人却寥寥无几了。

说说"惠泉"和"蒙泉"吧,这两眼泉水的地势相对较低,都在海拔1574米左右,每天能各出18吨左右的泉水。民国时期,惠泉还负责灌溉农田并作为附近居民的生活用水,当时还有四架水磨为其驱动。因其惠泽农桑,取名"惠泉"。

"蒙泉"就更好理解了,取的是"启蒙开智"之意。《易经》六十四卦中的第四卦便是"山水蒙"——蒙卦。"蒙"就是蒙昧之意,"启蒙"就是开启心智的意思。《象传》云:"山下出泉,蒙。君子以果行育德。"

简单来说,泉水刚从山涧中流出时,犹如新生的孩子,什么都不知道;汇入江河后,蒙昧的心智逐渐开化,如果遇到险阻就会被挡住去路,汇聚在一起,所以需要外力疏通河道,使其逐渐壮大。孩子们在成长过程中需要教育,以疏通思想上的障碍,使其养成良好的品质,不至于陷入泥潭,这就是"治蒙之道"。相传"蒙泉"之水,幼童饮之,醍醐灌顶,益智通灵,为"智慧之水"。

这五眼泉水的概况大致就是这样,中国人一向崇尚在自然规律中找到生活平和状态的智慧。千百年的农耕文明并未对自然环境造成毁灭性的破坏,而是保持在更加文明的状态与自然和谐相存,并从中找到生存之法。每个人都有蒙昧的一面,有未被启发的智慧,我们都需要一份对知识的探索心,并不断追求,在享受自然馈赠的同时用智慧化解生命中的困难,并体会这一份自然之美,这才是"五泉"存在的真正意义。

▲ 五泉山蒙泉

　　五泉山中并非只有五泉，在八卦台南侧，千佛阁的悬崖脚下，目前还有五眼泉水喷涌而出，在崖壁前形成了一窝泉池——这就是兰州八景之一的"五泉飞瀑"，自然之美沁入心脾。其实早上来五泉山晨练的很多市民，他们大都会带上一两个塑料桶，提上点泉水回家泡茶，在我的记忆里，很早以前，这里曾经有六眼泉水，现在好像是干涸了一眼。

　　泉池上方的崖壁上刻有甘肃近代大教育家刘尔炘的题字"玄崖吐液"。这里有一个简单的问题，就是此题字不应该是"悬崖"吗，怎么写成了"玄崖"？

　　虽说古文有时会用到一些通假字，例如，有说"玄"通"悬"

的，但在这里我认为刘先生取的应该是"玄"的本意，而并非"悬"，或者两重意思其实都有，而并非单一地取"悬"字的意思。

"悬"有倒挂、陡峭的意思，表示危险、揪心。而"玄"则有幽深、深奥之意。

因悬崖吐液处并不是在悬崖高处，而是落于悬崖底部，且此泉池处于五泉山公园东部深处，泉池泛黑，故取"玄"字，来形容在五泉山呈现出的博大精深的中华文化中的"三教共存"这一现象，更为准确些。

▲ 五泉山"玄崖吐液"之景

五泉山人——刘尔炘

五泉山近代规模最大的一次扩建和修缮,就是在清光绪年间由翰林院编修刘尔炘主持的。

刘尔炘自号五泉山人,在回兰之前号晓岚。晓岚就是晨间的雾气,所以我个人推断,刘先生当时或许已有避世之心。他曾经就在之前我们提到的五泉书院任职,为保存《淳化阁帖》肃府本付出巨大贡献的赵元贞先生就是他的学生。

刘尔炘是兰州盐场堡人,22岁乡试中举人,26岁中进士,在京供职3年,任翰林院编修,在目睹了甲午战争清庭惨败的状况后,仅一年,他便辞官回兰。之后,他致力于提高中国的教育水平和培养人才,"浩然归里,唯一致于学",这就是他为兰州、为甘肃、为中国的教育事业做出贡献的精神支撑。

回乡之后,他创办了兰州第一所"两等小学堂"。"两等小学堂"是清政府设置的一种教育机构,其实跟现代的九年义务教育差不多,就是七岁入学,学习五年初等教育,再进入下一个四年的高等教育阶段,全程总共九年。

刘尔炘很喜欢撰写楹联,被尊为"陇上联圣"。在重新修缮、筹建五泉山建筑群时,他留在五泉山的楹联有135副,摸子泉洞口的垂花门两侧就有他的文墨。他所书文字皆具有人生哲理和教化意义,认真品读,令人振聋发聩。

刘先生对于兰州的教育事业做出了卓越的贡献。兰州二中的前身志果中学，就是在他仙逝后为了追念他而创办的，因为他还有一个号：果斋。

刘先生在兰州时负责管理孔庙，保管《淳化阁帖》的石刻。他筹集白银5000两，在兰州创办学校，培养人才计以万数。他办书社，建纱场，建立国学专修馆，培养高等人才；并创办"五泉图书馆"，收集了很多著作，提供给学士们翻查、阅读。不仅如此，他还为社会福利事业做过贡献，创办了一个类似于现代"红十字会"的机构，名为"丰黎义仓"，专门用作社会救济。他在兰州为公益、福利、教育、实业方面所作的贡献，最终体现为八家社馆，极大地推动了兰州的地方经济和文化的发展。

震惊世界的"海原大地震"

1920年12月16日，宁夏海原、固原两县发生了被称为"中国20世纪最大的地震"——"海原大地震"，即"六盘山大地震"。

这是一次8.5级的特大地震，震中烈度12度，震源深度17千米。当时有报道称，这次地震引发了宁夏中卫一带的火山喷发，形成了多处温泉。这场地震最终导致了23万余人死亡。

地震级别被划分为九个级别，每增加一级，释放的能量就会增加32倍。唐山大地震7.8级，汶川大地震8.0级。海原大地震释放的能量相当于汶川大地震的16倍，余震数十次。

此次地震波及范围之广，就连远在上千千米外的香港都有震感，万里之外的瑞士都监测到了这次地震。当时政局混乱，正值北洋军阀统治时期。地震后民不聊生，盗匪横行，甚至有野狗在大街上啃食人尸；社会救援也很少，救灾的物资都来不及进入灾区，就已被哄抢而尽。

当时宁夏大部分地区均属甘肃省辖制。这场地震造成了甘肃的4座县城被夷为平地，省会兰州虽距离海原县有200千米之远，但也有三分之一的建筑被摧毁了。

那时的甘肃省已成为人间炼狱。而皖系军阀段祺瑞和直系军阀吴佩孚、曹锟正在争夺北洋政府的统治权，根本无人问及西北的灾情。

彼时，刘尔炘四处筹集资金，赈灾济贫，共募集30万两白银，救济30余座县城，最终历时两年，完成了赈灾工作。

只是没想到，海原大地震9年后，甘肃又发生大旱，灾情严重，饿殍遍野。刘尔炘创办的"丰黎义仓"开仓放粮，在兰州市设立了三家粥厂，救济灾民。同为他创办的"皋兰同仁局施医馆"，也开始免费问诊送药，为街上冻伤之人发放冻疮膏。这间医馆不仅诊治病人，还帮助安葬穷苦之人的尸身。为了了解先生的事迹，我查阅了很多资料，他的义举让我几度泪洒衣襟。

刘尔炘晚年时募集到白银48000余两，对五泉山的建筑进行了一次大规模的修缮和扩建改造，修葺了原来破败的楼宇建筑，使得五泉山真正成了一座陇上名山。也就是说，我们现在能看到的五泉山大部分建筑都是刘尔炘花费心血所筑。

1902年,"甘肃省高等学堂"成立,刘尔炘成为这所学校的第二任总教习。1912年,该校更名为"全省中学堂",刘尔炘成为更名后的第一任校长。全省中学堂这个名字可能很多人不太清楚,这所学校就是现今的兰州一中的前身。

五泉山里有很多寺庙、道观等宗教建筑。公园里有汉传佛教、藏传佛教、道教、儒教的各式建筑和寺庙,这其实也体现出了中国人"三教合一"的思想。中华文明对于宗教的包容性,以及这种互不排斥、相互影响,甚至不断融合的现象,在五泉山可以被明显感知。

五泉山不仅因泉水著名,更是陇上名人先贤的纪念地。这里是兰州文化的源泉,它的存在不仅见证了源远流长的陇上人文,更见证了近现代不可忘却的历史。

血泪记忆——兰州大轰炸

五泉山中有一座"猛醒亭",亭中有一口铁钟,重达万斤,是五泉山的镇山之宝。这口铁钟铸于金朝,距今已有800多年历史。它的具体铸造时间是金朝泰和二年,即公元1202年,也是南宋嘉泰二年。这口铁钟矗立在这里,就是要时刻警醒着兰州人不要忘记中华民族曾经遭受的耻辱和苦难。

九一八，九一八

从那个悲惨时候

脱离了我的家乡

抛弃那无尽的宝藏

流浪，流浪

整日价在关内，流浪

哪年，哪月

才能够回到我那可爱的故乡

哪年，哪月

才能够收回我那无尽的宝藏

爹娘啊，爹娘啊

什么时候才能欢聚在一堂

……

你可曾听过《松花江上》改编前的这些歌词？

1931年9月18日，日本关东军突袭沈阳，武力侵占我国东北，正式发动了侵华战争。大量东北难民向外逃散。内战不停，外敌来侵。

直到1936年12月12日，杨虎城和张学良毅然在陕西临潼向蒋介石发起"兵谏"，发动了震惊世界的"西安事变"，内战终于暂时停止。西安事变和平解决，这为抗日民族统一战线的促成建立了必要条件，是中国命运的重要转折点。

"八办"和"第八战区"

经过国共两党协商，全国各个重要城市都设立了"红军办事处"。其中"兰州红军联络处"从1937年2月就开始酝酿建设。1937年5月，"兰州红军联络处"正式筹建。"七七事变"爆发后，"红军"正式改编为"国民革命军第八路军"，后又改编为"国民革命军第十八路军"，并正式在西北设立了"驻甘办事处"，这处机构从此就有了"兰州八办"的简称，人们也一直习惯性地将其称为——"八路军兰州办事处"。

"八办"的两处旧址都位于今天的南关十字向南，酒泉路与甘南路交界处，二者相距不足两百米。

"八路军兰州办事处"除了印制抗日救亡的书刊，还开办了一些销售进步书刊的书店，使得抗战期间抗日救亡运动在甘肃省内蓬勃发展，为延安输送了大量的进步青年。

"八办"的重要工作之一是"解救"，当时解救了一大批被俘的西路红军。

彼时，为了扩大世界反法西斯同盟，苏联和共产国际向中国输送了国际援华物资。1937年8月，《中苏互不侵犯条约》签订。缔约后，苏联开始积极地援助我国，与我国合作抗日。根据约定，苏联停止了与日本的贸易关系；一些重要的战略物资，苏联不得向日本出口。10月，苏联在兰州设立了外交机构，负责物资的转运。1938年，苏联驻华大使馆代表处设立，地址在如今三爱堂医院所在地的东侧，靠近兰州市环保局家属院。当时，大批的援华物资进入我国的新疆地区，经由甘新公路或空运转运至兰州后，继续运送到全国的抗日前线。

甘肃是我国抗日战争时期重要的国际交通要道，兰州也是当时抗战大后方为数不多的省会城市。作为西北重要的国际交通枢纽，苏联给予我国的援助和新疆人民筹备的战略物资，无论陆运还是航运都会经停兰州——载具在这里加油，物资从这里转运。

1938年初，中国空军作战飞机数量为390架，其中大部分是苏联援助的。当时的中国空军在兰州设立了空军第七站，并在兰州及周边城市建设了6个机场，分别是拱星墩机场、东古机场、焦家湾机场、临洮机场、西固机场和中川机场。这些机场负责中国空军的运输补给和加油检修，给前线提供支撑。而且在兰州驻扎着一支防空部队和一支苏联歼击机中队，苏联空军负责在兰州空军基地培养和训练中国空军。

随着战争的全面爆发，西北的战略地位快速提升，成为抗战大后方的中心城市，兰州又一次成为国防重镇。

在古代，兰州作为国防重镇，防御战略一直是向西看。到了抗战时期，兰州又成为中国腹地，战略方向虽有转变，但战略地位却大幅提升。

兰州不仅能控制西北，它位居高处，向东、向南两个方向看去都有绝佳的视野，防御性较好。守住兰州，巩固西北，为的就是收复华北。1937年11月，淞沪会战后，华北告急，华东失守，国民政府第八战区长官司令部在兰州设立。办公地址就是整个五泉山，战时五泉山为军管。

2023年夏天，兰州旅游热度大幅提升，很多外地人来兰州乘坐羊皮筏子，引起了网友热议。可是谁曾想到这些"皮筏"在抗战最激烈时，也被编为"水上运输队"，重点负责兰州段军用物资的航运，还有一支"金城骆驼队"，每次都是由第八战区运输队派兵押送。

当时的日寇深知兰州的战略地位，也知道这些机场和中国空军的重要性。从1937年到1942年，日军试图拔掉兰州这个他们的"眼中钉""肉中刺"，对兰州展开了为期近5年的无差别轰炸，共出动676架飞机，空袭兰州36次，投弹2738枚。

日军轰炸兰州的主要目的是摧毁国际物资进入中国的西北通道，大肆轰炸兰州，使得援华物资难以抵达战场；破坏兰州的空军基地，炸毁兰州的第八战区司令部，轰炸平民，试图摧毁中国人的抗战信心。

1939年2月23日，上午11时，兰州上空的防空警报再次响起。预警着第三批来轰炸兰州的敌机。这次轰炸的目标是兰州市的市中心，包括南关、贡元巷、曹家厅、黄家园等，日军在市中心投下了大量的炸弹和燃烧弹，使兰州损失惨重。

这次空袭导致大量民房被毁，死伤十余人，地上被炸出了一丈（约3.33米）多深的大坑。

硝烟中的"古刹晨钟"

损失最为惨重的莫过于修建于唐贞观年间、位于中央广场附近的古刹"普照寺"。普照寺就位于如今兰州市少年宫处,以前这里也是"兰园"。这次轰炸,使得普照寺内的藏经楼完全被烧毁,珍稀的明朝经卷《永乐南藏》,只余寥寥残卷——据说这些残卷现藏于九州台的文溯阁内,与《四库全书》一起由甘肃省图书馆管理。而寺内的佛像、壁画等稀世珍宝,或化为灰烬,或被瓦砾掩埋,寺院住持悟明也在轰炸中殉难。

敌机来时,蓝众诚,也就是悟明主持,坚决不退缩,誓与古刹共存亡,他站上藏经阁,大声唱颂佛经,遂与寺俱亡。

同年10月、11月、12月,日军又连续轰炸了三个月,致使普照寺全寺化为焦土,诸多珍贵经卷因此付之一炬,惟余一口金代泰和铁钟!

"普照"二字取"慧日普照,毒霜并消"之意,而"泰和"则为"天地冲和之气",寓意天下太平。

"泰和铁钟"通高2.60米,口径1.65米,"重万斤",是古代工匠们的杰作。钟身铸有一段铭文:

青山崇崇　白云溶溶
灵山深处　时现金龙
龙音唯哀　悲愿先从
悲愿者何　三界大雄

以悲愿故　音满太空
上摇玄府　下撼阴宫
仙闻生喜　鬼闻停凶
击落地狱　救苦无穷
创之者谁　海量珍公
铭之者谁　鹤发崆峒
于千万年　永震西峰

这段铭文所述内容，是儒、释、道三家思想的充分融合。

青山高耸，白云流动，佛祖修行的灵鹫山深处，时而有金龙出入，发出悲痛怜悯之声。这种悲鸣之声的根源在哪里？是谁发出来的？

原来是掌管三届的释伽牟尼发出来的，以悲鸣之声在为不幸的事祈愿。他的声音，充满整个太空。

其声音的威力动摇了仙人居住的宫殿，震撼了阴间的地府。仙人听见祈愿声，心生欢喜；鬼魅听见祈愿声，停止作恶。鬼魅被击回地狱，解救了无尽的苦难。

完成这一创举的人是谁？是少有的具备海量学识的德高望重之人。（此处的"创举"一词，我认为有两种含义，一指用敲钟的身影来替代佛祖的发愿声；二指铸造这口泰和铁钟本身。）

铭刻此文的人是谁？是崆峒山的白发道人。（《庄子》中所载黄帝问道成仙之处就是现今甘肃平凉的道教名山——崆峒山。）

现今把这口钟放在这里千万年，让钟声震彻西峰。（此处"西峰"一词也有两种解释。其一,"西峰"可指金朝当时疆域最西边的高峰,兰州海拔1500—2200米,属于金朝海拔最高的山峰;其二,可指当时兰州主城最西边的华林坪,有可能是为此处的古峰寺而铸造。古峰寺始建于隋朝,明朝更名华林寺,乾隆年间清军围剿反清回军时,将此寺焚毁。)

铭文看完了,寓意佛光普照的"普照寺"在战火中消失得无影无踪;震慑鬼魅的泰和铁钟,如今也静悄悄地悬挂在五泉山中,八十余年没有人再听到它的"梵音"了,这段历史仿佛沉寂在浩瀚的宇宙中,不再有一丝涟漪。

如今进入五泉山公园内,在苍翠繁茂、绿水楼阁的掩映中,不知还会不会有人记起,如此血腥惨痛的一段往事。

▲ 五泉山猛醒亭内,原普照寺的泰和铁钟

翠微深处起楼台

五泉山有"东龙口"和"西龙口"。在霍去病塑像身后,正对着五泉山的山门。这座山门建于清光绪十四年,山门上写着四个大字——"乐到名山"。这四个字依旧是刘尔炘所书。面对山门,右手边是"西龙口",左手边是东龙口。有泉水各自汇聚而出。门口以前有棵古树,可能是因为年纪太大,已经枯死了。

山门上的三副楹联其实很好辨识,有兴趣的朋友可以去认真看看,要是看不太懂,可以去老动物园铁门对面的游客中心找一本《五泉文萃》,这本书对于五泉山的各个建筑及细节都有描述。刘尔炘所著的《兰州五泉山修建记》在游客中心也能看到。这两本书虽然是五泉山公园的内部书籍,并没有对外发行,不过在二手书市场其实也能淘到。

五泉山的山门处立有两尊石狮,这两尊石狮也是明朝文物,以前就立在明肃王府门前。

见到"山门",很多人就会感到奇怪,五泉山入口处的建筑不是"山门"吗?

位于五泉山入口处的这座"木牌坊",也是民国八年刘尔炘建的,它的建造时间要比山门晚。这座牌坊的斗拱和青瓦悬山顶的艺术造诣非常高,再加上刘尔炘楹联里的"烟雨楼台",仿佛这山就是修仙居所。

霍去病塑像的左手边有条小路,沿着小路上去曾经有座旋转木

◀ 幼年时，我与母亲在五泉山内的旋转木马上

▲ 如今五泉山内的旋转木马（纪念工业时代保护设施）

马，再往里就是游乐园了。

虽然五泉山给我的童年留下了不少回忆，但机械化的游乐场被安置在古建筑群当中，属实有些违和。在国内的各大城市中，中式的榫卯建筑，包括歇山、悬山、硬山、庑殿等都已经成了零星的城市点缀物。在钢筋混凝土构建的兰州城中，五泉山就成了为数不多的兰州"古建筑博物馆"。

五泉山的历史可以追溯到元代，那时"皇庆寺"开始修建。明肃王朱楧迁至兰州时大兴土木，修葺、增建30余幢房屋，这时的五泉山就已经初具规模了。清乾隆年间发生叛乱，导致五泉山大部分建筑被焚毁。我们现在能见到的基本上是清末到民国初年这一时期，由刘尔炘筹资重建的。

五泉山内最古老的一处建筑是位于浚源寺内的"金刚殿"。这座殿宇建于元代，明朝重修，两次兵燹（xiǎn）后有幸被保留下来。殿内所供奉的"铜接引佛"是甘肃省的重点保护文物，铸于明朝。这也是甘肃省内唯一的一尊铜接引佛，最早被供奉在庆阳路的"接引寺"中。接引佛，就是佛教里所说的"阿弥陀佛"。

在浚源寺身后有座建筑，名叫"万源阁"。万源阁处于浚源寺的中轴线上，是甘肃贡院（也称甘肃举院）内的"明远楼"。民国时期，刘尔炘将这座楼整体迁入五泉山。

▲ 兰州市博物馆内展出的甘肃贡院模型

我上次去五泉山万源阁时，看到刘尔炘先生的半身像立在万源阁中，书有刘尔炘生平的展架立在塑像的两旁。希望当你来到这里时，展架没有被撤掉。获取珍贵知识的渠道窄而又窄，很多的珍贵资料很难查询，偶有现世时，我想我们应该格外珍存。

▲ 刘尔炘塑像

你出来要人爱看，他夸着说我会听

诸葛亮在《戒子书》中说道："学需静也，才须学也。非学无以广才，非志无以成学。"刘尔炘在万源阁上题有一联："你出来要人爱看，他夸着说我会听"。我一直反复琢磨这句话的含义。在我做短视频的这两年里，我看到这个时代已经把太多人都变成了"会听而不会看"的状态。在学习的过程中，更多的时候我们要学会去探索，去思考，去提问。而不是做一个被动的听众，所有情感和行为都被他人的节奏带领。因为这样会失去创新能力，这种创新不是指科技领域的创新，而是指思想和文化领域的创新。

我现在越来越深切地意识到很多道理是亘古存在的。即，所谓的真理，就是人类自身的独立思考能力所带来的财富。这种财富是"道"，而非"术"。

而"大道至简"的"简"就是化繁为简，又或是方向，而并非手段和方法。沉溺在网络世界，不仅会让一个人丧失人格，更有甚者，会如同吸食毒品一般，在大量快节奏、低质量的信息带来短暂的快乐后，收获的除了长久的空虚感，别无他物。

我不是在批判互联网，而是在批判利用互联网的方式。互联网如同书库，它也是人类社会思想的表达和呈现。但我们用它，不应该是为了打发时间，因为时间是一个人生命中最宝贵的资源，也是你整个生命的支柱。互联网和无数的书籍一样，是我们的工具，我们要利用它，构建自己的知识体系，填补空白。让它启发我们自己的思考能力，而非"听"和"复制"。把别人的思想复制到自己脑袋里，这并不是一个聪明的行为。

文昌宫

在五泉山里还有一座"文昌宫"，来这里仅可以看建筑、观神像，还可以认真感受一下中国人自古对"学习"这件事看得有多么重要。

文昌宫里供奉的当然是道教神像"文昌帝君"，主殿对面还有一座"魁星阁"。不过现在这些建筑里大都改为陈列展现古代"丝绸之路"的蜡像了。

"文昌帝君"到底是谁？为什么在国内各地基本上都供奉有文昌帝君的神像，也都有"魁星楼"或"魁星阁"？传说文昌帝君是非常了不起的人物！他是掌管文化教育的神仙，就是我们通常说的文曲星。事实上，道教中的神明是有细分的，文昌帝君、魁星星君、朱衣神君、纯阳帝君和文衡帝君，并称为"文昌五帝君"。他们都是掌管文章兴衰的神明。民间传说中，文昌帝君有七十三次化身转世到人间的经历。周朝时是张仲，与诗祖尹吉甫共同辅佐周宣王，当时出现的文昌阁就是为他而建的。汉朝时转生为张良，与韩信、萧何并称为"汉初三杰"。还有春联的"创始人"梁王吕光，他将春联写在桃符之上，挂在寝殿门口，春联的内容是：新年纳余庆，嘉节号长春（"嘉"同"佳"）。相传这是我国有记载的最早的一副春联。当然影视剧也不会放过这么好的题材，例如，《新白娘子传奇》中白蛇的儿子许仕林，就被作者赋予了文曲星转世的身份。因为年代久远，在各地的民俗活动中，通常已混淆了文昌帝君、文曲星和魁星星君的身份，只因名称和形象不同而有所区分。

▲ 万源阁与青云梯

皋兰山山顶的"三台阁"也供奉着"魁星",后文会再提到。

五泉山内的"青云梯"直达文昌宫,寓意"青云直上"。

"青云梯"到万源阁中间的台阶有七十二级。在中国,七十二是一个极其特别的数字。孙悟空有七十二变;孔子弟子三千,身通六艺者,七十二人;曹操有七十二塚;二十四节气里有七十二侯。

在中国的传统文化中,七十二是天地阴阳五行之数,用作表示数量很多。我想在这里可能意为:若要登上青云梯,便要学习孔子七十二贤徒的才能,有孙悟空七十二变的心窍。这可能也是表明学习知识不仅要下的苦功夫,还要有灵活的思考能力,从而学富五车,才能平步青云。

消失的"中山林"

在五泉山内,有一尊1936年铸成的孙中山先生的铜像。它原本跟兰州市以前的一个地名中山林有关,二者原本是一体的。现在,此座铜像已经改立于五泉山中山纪念堂前了。

为什么搬了地方?"中山林"的"林"字又从何而来?这也许是现今很多兰州人心中的疑问。对大家而言,现在的中山林就是一个公交站名,围绕着这个公交站,有中山林的门牌号,也有以中山林命名的大楼,也有中山林路,可就是不见这片"林"。

实际上,从1943年开始,到20世纪60年代初期,因为城市建设的需要，中山林的"林"，被人为采伐了。

民国初期，这片林木其实就已经逐渐被栽植了。1926年3月12日，孙中山先生逝世一周年之际，甘肃省建设厅开始在萧家坪上营建中山林。其实在中山林处还曾有一个"小五泉"，五眼清泉汇聚成水塘，中山林的树木就是靠这五眼清泉灌溉的，"小五泉"具体位置就在现今甘肃日报社报业大楼的楼下。

当时这里的泉池被疏浚为一丈（约3.33米）来宽，既供民用，也供灌溉树林，林中栽种西北各类树种共计两万余株。

1936年，甘肃制造局请两位雕塑师铸造了一尊中山铜像立于林中。抗战时的第八战区办事处设在了五泉山，五泉山成为军事禁区。百姓休闲、娱乐之所就改在了中山林。

当时，中山林内设有茶座，引来小商小贩在此经营，还有唱秦腔的、说书先生和耍把式的艺人，好不热闹。

抗日战争期间，为躲避日军的轰炸，西北日报社从励志路迁至中山林，并在新中国成立后，更名为甘肃省日报社。

1940年，在中山林的最中心，还立有一尊"抗日阵亡将士纪念碑"。纪念碑东侧立有汉奸汪精卫和其老婆陈璧君的泥塑跪像，此二塑像屡被锤打，早就已经破坏殆尽。

1944年，市政大坡西侧建起忠烈祠。供奉的是4736名在抗战中牺牲的甘肃籍烈士。

从1943年开始，随着城市的开发建设，直到20世纪60年代，当初的林地已经消失的无影无踪了。1956年，中山先生铜像迁至五泉山公园内。后期原址建筑均被拆除。

　　历史，是我们的根源，先人的足迹，从何而起？为何遗失？这些都是我们的民族记忆，灵魂血脉。如果没有人记得了，也有文字记得，没有文字，还有建筑，没有建筑，还有地名。文明总会通过不同的方式传承下去。

▲ 中山纪念堂与孙中山先生的铜像

李渊的劲敌——"西秦霸王"

　　在五泉山内，有一处寺庙显得有些奇怪，它位于五泉山二郎岗处，目前并无香火供奉，建筑也显得很新，没有围墙，占地面积并不小，约900平方米。谁都想不到，这是兰州市最具特色的、明清时期的主体建筑完整保留至今的一座寺院。

这座寺院的历史可以追溯到唐朝以前。它就是隋代金城校尉、西秦的开国皇帝薛举的故宅——庄严寺。

隋大业十三年（617年），薛举起兵反隋，自称西秦霸王，年号为"秦兴"，陇西地区尽被其占领。同年七月，他在兰州称帝，十二月迁都秦州。

中国历史上有两个西秦，除了薛举的"西秦"，还有五胡十六国时期（公元385年）乞伏氏鲜卑族政权"西秦"。乞伏氏先后建都勇士城、金城和苑川城。鲜卑族西秦比薛举建立政权早了200余年。虽然这两个政权都是在兰州地区建立国都的，但时代不同。

薛举的故宅其实就是西秦的皇宫。庄严寺历经数个朝代，几度修建，现今留存下来的三座大殿是明清时期重建的。

薛举和李渊是同年起兵反隋的，但细算起来，薛举称帝早于李渊。李渊在山西太原起兵反隋，一路攻占了长安，想拥戴傀儡杨侑为隋帝；薛举攻占天水并迁都秦州。当薛举的儿子薛仁杲（gǎo）和李渊的儿子李世民在陕西扶风郡（现今的凤翔南部）对战时，西秦军败；而当薛举举兵与李世民在甘肃泾川和陕西长武之间又一次对战时，唐军不敌西秦军，死伤大半。当时唐军无力抵抗，薛举准备乘机一路夺取长安，没想到乘胜追击时，他却在征战途中病死了。

薛举的儿子薛仁杲继承了他的皇位，成为西秦的第二位帝王。而薛仁杲是个有勇无谋的人，且性情暴虐，常将俘获士卒断鼻割舌，后期给陇右地区的百姓带来了深重的苦难。在泾川县（唐朝浅水原）的又一次对战中，薛仁杲兵败投降。

李世民将薛仁杲押送长安处死。至此，李家父子用了五年的时间征服了薛家父子，平定了陇西。

虽然薛家父子被平定，可当时兰州地区西北方向还有一个政权——在武威起兵的"河西大凉王"李轨。李轨依然占据着兰州永登地区的广武郡和敦煌、张掖、西平、枹（fú）罕。他在凉州建都，河西地区均被其占据，与薛举的西秦分黄河、洮河而治。西平是现今的青海省省会西宁地区，枹罕是现今甘肃的临夏地区。

薛家政权兵败后，李轨政权便与李渊政权对上了。当时李渊遣使劝降李轨，遭到了李轨的拒绝。李渊的使臣就在凉州策划了政变，建国三年的大凉政权也就这样被瓦解了。兰州完全划入唐王朝的版图后，薛举的故宅就被改为"庄严寺"。唐朝统治期间经常会在镇压叛逆之地建立佛教寺院，以平民怨，庄严寺与普照寺基本属于同期修建。

▲ 迁址后的庄严寺

路过庄严寺

庄严寺旧址就在兰州城隍庙的西边，现今的大众巷南口——兰州人喜欢把城隍庙称为"隍庙"，而它的全称是"兰州府城隍庙"。1996年，为更好地保护庄严寺，庄严寺被迁至五泉山内的二郎岗。

全盛时期庄严寺规模宏大，常留名人足迹与墨宝。庄严寺有三绝著称于世，故又被称作"三绝寺"，这三绝是：书、画、塑。

"书绝"为元代书法大家李浦光所写的"敕大庄严禅院"匾额，李浦光的书法苍劲有力，端庄浑厚。元代时，元朝皇宫内的匾额多为其所书写。

"画绝"是庄严寺内相传为唐代著名画家吴道子所绘制的观音壁画，观音像端庄慈祥，身披白衣。吴道子是唐代著名的画家，被后世称之为"百代画圣"，擅长草木、人物、山水、神佛和阁楼的绘画。其《八十七神仙卷》是中国历代以来最为经典的宗教画，是中国白描画的最高水平，艺术水平堪比《清明上河图》。但也有一说，观音寺内所存壁画为元代高手仿其风格所绘。

"塑绝"，是庄严寺大殿内的各尊佛像，栩栩如生，神态生动，比例匀称。

庄严寺内古树参天，花木争奇。相传唐代玄奘西天取经时，就在此居住，后由白马浪处渡过黄河。

1926年，这里被设置为"兰州民众教育馆"，有文物展出活动，也有图书馆和阅览室。更重要的是，这是甘肃的第一家官办的电影放映场。抗战时期，这里成了抗战科普宣传场所，后又成立了甘肃省的第一家民办电影院。可惜的是，民国时期，由于缺乏保护，这里的壁画塑像逐渐被损毁。

新中国成立后，庄严寺被兰州文化馆占用，并于1963年被列为省级文物保护单位。然而，由于在特殊时期，寺内大部分文物惨遭毁坏，现今寺内唯留有一批明清建筑和残存壁画。

谭嗣同在兰州

不过跟兰州庄严寺相关联的另一位爱国诗人、"戊戌六君子"之一的谭嗣同，是切切实实到过庄严寺的。十年中，他先后五次往返于兰州和故乡浏阳之间。在游览庄严寺后，他留下了诗作《兰州庄严寺》。

兰州庄严寺

清·谭嗣同

访僧入孤寺，一径苍苔深。

寒磬秋花落，承尘破纸吟。

潭光澄夕照，松翠下庭荫。

不尽古时意，萧萧雅满林。

这首诗描绘了当时庄严寺的破败景象，但在诗中还是能感受到其园林景致的优美。

谭嗣同是中国近代维新派的思想家，字复生，号壮飞。他十二岁时得了场重病，昏死过去，三天之后才醒来，所以取字"复生"。

谭嗣同十八岁时，随就任的父亲谭继洵从老家湖南浏阳来到兰州。他十岁时就受到了爱国主义启蒙，写出的文章才情惊人。他对八股文极为反感，曾在书本上写下"岂有此理"四个大字。

从浏阳到兰州路途遥远，要乘船经长沙、武汉和襄阳，再经过洛阳到西安后转入兰州，交通极为不便。路途艰辛，历经数月，初秋时节谭嗣同才到达兰州。在路经潼关时，他写下了流传下来最早的一首七言绝句《潼关》。他还有一首题为《出潼关渡河》的五言律诗，是五年后随二哥谭嗣襄去北京应试时，再次路过潼关所写。

潼关

清·谭嗣同

终古高云簇此城，秋风吹散马蹄声。

河流大野犹嫌束，山入潼关不解平。

出潼关渡河

清·谭嗣同

平原莽千里，到此忽嵯峨。

关险山争势，途危石坠窝。

崤函罗半壁，秦晋界长河。

　　为趁斜阳渡，高吟击楫歌。

　　谭嗣同在家乡和兰州之间往返时，路途艰辛且遥远。他所行之路，跨越了长江、黄河。

　　从十八岁到二十八岁，这个阶段是一个人最美好的十年，也是一个少年成长最快的十年。这期间他的离家游历，从甘肃到新疆，又折回陕西，走南访北，在河北、河南、江苏、湖北等很多省份都留下了自己的足迹。他除了体察民情，还广交名士，这一切注定了他要走上救民族于危亡的殉国之路。当时他父亲谭继洵在军中主持军事，谭嗣同与士兵们"群相饮博，欢呼达旦"，他迎着西北风在狂沙飞石中策马奔腾，夜宿沙漠之中，饮黄羊血，高唱秦腔，何等豪迈。

　　在一封书信中，他曾提到自己策马飞驰七个昼夜，凿冰为饮，忍饥挨饿，行程1600里（约800千米）。返回时大腿被马鞍磨的血肉模糊，旁人骇然，他却不以为意，这就是他的性格。

"戊戌六君子"中的谭嗣同

　　19世纪二三十年代，大量的鸦片流入我国，沃野良田遍开罂粟。而清政府腐败无能，在鸦片战争中一败涂地，中华民族危矣。

　　时在兰州的谭嗣同目睹这一切，便写下了这首《罂粟米囊谣》。

罂粟米囊谣

清·谭嗣同

罂无粟,囊无米,室如县磬饥欲死。

饥欲死,且莫理。

米囊可疗饥,罂粟栽千里。

非米非粟,苍生病矣。

从这首诗的最后一句,便可读出当时的社会已经病入膏肓了。谭嗣同诗风雄健,感情真挚,及富爱国主义色彩。

1894年,甲午战争中国战败。1895年,中日签订《马关条约》。此时的谭嗣同30岁了,他满怀忧愤,为挽救这个国家,在家乡组织学社,寻求变法。深重的民族灾难,使得当时一大批有为青年力求改革腐朽的封建专制制度。

1896年,他毅然入京,结交了梁启超等一批维新改革的激进人物。同年,他去江苏任职,用了不到一年的时间,写出了维新派的第一部哲学著作《仁学》,其上下两卷共计5万余字,核心思想就是反对封建等级制度,支持资产阶级民主革命,反对民族压迫,否定"君权神受";提出如果君主不能为民请命,民可共废。

在当时,他的思想是前卫的、积极的、经过深思熟虑的。但是要打破封建专制的格局,这一切想法都是危险的。

写完《仁学》,他回到湖南,继续办学,并担任《湘报》主编。

1898年6月11日,康有为、梁启超等维新派通过光绪帝颁布各种维新政策，开始戊戌变法。9月，谭嗣同被征召入京，光绪帝授予他四品卿衔——军机章京，就是军机处的办事人员。

令他没有想到的是，同月21日，慈禧就发动了兵变，将光绪帝废黜。因戊戌变法损及朝中保守派的阶级地位和其权柄，故这些人联合慈禧太后一起扼杀"戊戌变法"。

此时，慈禧下令捉拿维新派，光绪帝被囚禁于瀛台。谭嗣同会同袁世凯刺杀慈禧。他说："不除此老朽，国不能保！"当时的计划是"围园杀后"，就是袁世凯包围颐和园，谭嗣同安排刺客刺杀慈禧。

没想到袁世凯向保守派告密，谭嗣同遭到出卖。当时他本来是可以逃脱抓捕的，可是他还在设法营救光绪帝。这之后，梁启超和日本公使劝说谭嗣同去日本避难，遭到谭嗣同的拒绝。谭嗣同将《仁学》及自己的文章诗稿等交给了梁启超。并留下两句话：

"不有行者，无以图将来；不有死者，无以召后起。"

"各国变法，无不从流血而成。今中国未闻有因变法而流血者，此国之所以不昌也。有之，请自嗣同始！"

而后，英国传教士李提摩太也劝说他去英国大使馆避难，他以自己逃跑会牵连父亲为由拒绝了提议。李提摩太是山西大学的前身——山西大学堂的创办者。

后康有为、梁启超分别逃往了香港和日本避难，而跟谭嗣同一起参与变法的杨锐、林旭、杨深秀、康广仁、刘光第先后被捕。这就是"戊戌六君子"。他们被关押了五天，而后被下令斩杀于菜市口。

最为可悲的是，他们被押往菜市口的断头台时，围观百姓欢呼雀跃，殊不知这是救他们于水火的仁人志士。可见晚清的愚昧、腐败不仅是集中在统治阶级，各个社会阶层都是昏聩的。没有国，哪来的家？人人都只是自扫门前雪，殊不知大雪终将下到所有人的家门口。

鲁迅先生是这样评价的："先觉的人，历来都被阴险小人、昏庸的群众所排挤、压迫、放逐、杀戮，中国人格外凶！"这就是旧社会，人吃人的世界。

谭嗣同死时留有遗言：

"有心杀贼，无力回天。死得其所，快哉快哉！"

我读到这句遗言时尤为心痛，它的豪迈让人想起他在西北的飞沙中策马奔驰的情形，可是这一次，他是去赴死的，他的父亲谭继洵也护不住他了。

在狱中，谭嗣同在墙壁上写下了一首千古绝唱：

狱中题壁
清·谭嗣同

望门投止思张俭，忍死须臾待杜根。

我自横刀向天笑，去留肝胆两昆仑。

这首诗是被梁启超修改后披露出来的，原诗为：

狱中题壁

清·谭嗣同

望门投止怜张俭，直谏陈书愧杜根。

手掷欧刀仰天笑，留将公罪后人论。

无论是原作，还是被梁启超修改后的诗句，都引用了张俭和杜根的典故。

诗中的张俭就是"望门投止"这个成语背后故事的主人公。这个成语本身是指外出逃难时，四处奔逃，见有人家就去投宿，以求暂避之所。

张俭是东汉时期的政治人物。他上书揭发宦官侯览及其亲属残害百姓的恶行，遭到诬陷。朝廷通缉张俭，他被迫流亡。尽管张俭在逃亡的途中困顿窘迫，但所有人家都冒着家破人亡的风险收留了他，没有人不敬重他的品行。最后张俭逃出塞外，幸免于难。可是他所经之地、藏身之所，几十人遭到极刑，宗族被灭。

杜根也是东汉时期的名士，当时外戚专权，邓太后当政。他上书谏言应由汉安帝刘祜（hù）亲自主持政务。随后邓太后命人将其装入白口袋中活活打死，执法之人因仰慕杜根的品行，命人下手时不至于致命。杜根装死三天后逃过一劫。

张俭和杜根这两人均在逃亡后又得到朝廷的重用，拨乱反正。

谭嗣同在这首诗中所指应是康有为和梁启超。他希望以他的死换回民族之觉醒，他希望以梁启超、康有为为代表的维新火种能够存续，这是他对梁康二人的敬重，也是对整个中华民族希望的寄托。

而后两句谭嗣同原作似乎对自己所做之事还没有那么坚定的信心，要把自己的功过留给后世评判。梁启超则将诗作改写得更加坚定，信念实足——我谭嗣同肝胆两昆仑，问心无愧！无需他人多言。

古建筑群

五泉山里不仅有霍去病的塑像、五眼泉水、庄严寺、清虚府内的左公祠、浚源寺里的接引佛、文昌宫里的文昌帝君，万源阁里的刘尔炘像、从中山林迁来的孙中山铜像、金代的泰和铁钟，还有地藏寺、二郎庙、千佛阁、三教洞、太昊宫、嘛呢寺、卧佛殿、酒仙祠、武侯祠、秦公庙、蝴蝶亭、青云梯、木牌坊、半月亭、企桥、澄碧滴翠水榭和漪澜亭、子午亭等24组古建筑。种类繁多，年代久远。五泉山是兰州市著名的旅游胜地，也是兰州市民休闲度假的去处，这里依山傍水，莲池碧波，亭台楼阁，廊桥水榭，汇聚了陇原大地大部分古建筑种类。

整个建筑群青绿悬彩，雕梁画栋，红柱瑞兽，青瓦石台。呈现出了中国古代高超的建筑艺术和精巧的绘画技艺。

这里因泉水而著称，更以其丰富的文化内涵而在兰州占据着重要的历史地位。

五泉山的水干了吗？

在兰州一直流传着这样一个说法：五泉山的泉水现在是自来水，或者是人工布置的管线。

这种说法是极为荒唐的，并无切实依据。且不说人为铺设管道流出自来水的浪费问题，仅24小时不间断的流淌所产生的水费也是极其高昂的。"玄崖吐液"处的出水量巨大，沿着山势一直从东西两龙口流出五泉山。而自来水的过滤系统造价也不低，不间断增压供水的耗电量也不会少。我想这些是没有哪个单位愿意承担的。要是五泉山管委会资金充足，就不需要开设游乐园来补足修缮、维护五泉山的费用了。

为了证实这个问题，我还专门录制了视频。最为有力的证据就是我用一支测水笔检测了"玄崖吐液"处泉水的水质，检测结果显示硬度很高。

水质检测中有一个很重要的指标，那就是TDS（溶解性固体总量），它反映的是水中的钙、钾、镁等矿物离子的含量。

正常自来水的TDS值是在100~300ppm，超过300ppm的水，硬度过高，不适合直接饮用，特别是长期饮用。而五泉山"玄崖吐液"处的泉水TDS值在600以上，这说明它大概率不是自来水。

那它会不会是初级过滤的市政用水呢？这就要提到另一个指标：COD（化学需氧量）。简单说这项指标测试的是有机生物在水中的耗氧量。而我所持的设备测试出这项指标几乎为0，也就是说，这里的水质并没有受到污染或者过多的在空气中暴露。所以，以我个人的判断，五泉山的水不是生活用水，也不是市政用水。

我之所以要单独用一个小节来讲这件事，就是因为我有一期视频提到了五泉山泉水，评论区有很多兰州本地人提到了泉水是人工供应的。他们说的言之凿凿，这种言论其实会给兰州五泉山这张城市名片蒙上一层谣言的阴影。所以必须要破除这种谣言。

还有人提到"玄崖吐液"下方泉眼处，出水口是水管，这些水管口是在加固山体时，为避免泉眼堵塞留下的导引管。当然这也只是我的判断，但是也并非毫无依据。

虽然有这些言论，但也不能否定说这些话的人对五泉山的热爱。因为大家都不希望这里的泉水干涸。甘露泉、惠泉、蒙泉的出水量确实已经大不如前了。在我儿时，甘露泉所在的清虚府西门外有两个一大一小的泉池，清泉喷涌。而上次去时，两个泉池都已干涸。看到这种景象，每一个兰州人都未免难过，这是我们不想看到的，仿佛泉水是我们生活的希望。无论它的干涸是出于何种原因，我还是希望能给它补点水，希望能还原初见它时的样子。

我想我们应该去重新认识它

小时候我爸抱着我跨过泉池中的垫脚石来到泉眼处取水洗脸，很多人都来这里排队取水。大一点的孩子干脆把脚丫子淌在泉池里。那时我可能只有两三岁，不知为何对这段往事记忆尤为深刻。

五泉山西龙口有个石刻的龙头一直吐着水，从高处流下，形成一道人工的"金龙吐水"瀑布，好不惬意。去五泉山的人都要去那里拍照留影，我每次也总想在那里逗留一会儿。

我对五泉山的记忆是朦胧的，也是清晰的，清晰的是这里有动物园、有大象、有茶座、有游乐园、有一面龙壁、还有一个莲池，上面有蜿蜒的连桥；这里有寺庙、有和尚，还有大喇嘛；在"玄崖吐液"旁，还有一条直耸的云梯，孙中山塑像旁也有一座中国移动的纪念碑。这些我都记得，这些记忆是深刻的，可能一辈子都不会忘。

而朦胧的恰恰是我以为熟悉的、不会忘的五泉山，我对它的历史竟然是无知的。我对它的印象，竟然只停留在游乐园、动物园和茶座、寺庙。我以为它本来就在那里，它本应该就在那里。所有在那里的、我看到的，都是应该存在的。我从没想过，五泉山五眼泉水的名字都是先贤们留给我们的启示；从没想过，古人为了让我们留住这些宝贵的文化遗产，一代又一代人不停的修葺这里，为的就是让我们不要忘了自己的根，不要忘了孩子们的启蒙开智，不要忘了我们同样要承担传承中国传统文化的重任。

也只有这里的泉水一直流淌着，这座山才能真正的被称为五泉山，"霍去病挥鞭出五泉"的传说也才能一直被兰州人津津乐道。

神奎起皋兰

要上皋兰山，无需出五泉

之前我提到过，皋兰山跟五泉山是一体的。五泉山就是皋兰山山脚下的一小部分山体。而皋兰、乌兰、贺兰这些名词都源于匈奴语对大河的称呼。"皋兰山"就是大河边的大山。兰州的"兰"就来源于"皋兰"的"兰"。所以在这里"皋"不能不单独理解为它的本意：河边的高地或者沼泽。

"皋兰"的"皋"普通话发音是：gāo，读一声。以前刚开始做短视频时，经常被网友指出读音问题，要改掉语言习惯，也是一件困难的事情。很多人把"gāo兰"读成"gǎo兰"，在兰州话里应该读三声的字会被读成二声，所以感觉虽然有区分，但也不会因为读音而将它曲解为其他意思。

去皋兰山，可以选择爬山。也可以选择索道或乘坐750路公交车。爬山的起点有很多，五泉山门"木牌坊"外东侧有一个路口，也就是面对五泉山时你的左手边，这里可以登上皋兰山，穿过居民区，就会有登山步道出现，这处步道从我有记忆时就已经存在了。

五泉山内也可以爬上皋兰山，大概在"三教洞"的位置，也有一处上山步道。这处步道是十几年前才修建的，大概就是所谓"世上本没有路，走的人多了也便成了路"。

我上高中时五泉山还在收门票，所以很多人都从皋兰山爬下来逃票进入五泉山。当然也包括我。而且我是最积极的那个。

后来五泉山不收门票了，但是动物园还在收费，这些小路就成了进入动物园的绝佳入口。以前动物园的管理人员各种围堵，卡在路口收费。然而你收你的，我再走条新路。那时候皋兰山上还没有爬山的步道，只有弯弯曲曲的各种小路，站在山下一目了然。而且山坡都很陡，干燥的天气尚且不好走，稍微下点雨或者雪，这路就没法走了，滑得要命。

兰州市的黄土，俗称白土层或是塘土，质地非常细密。稍微有点风就扬起来了，鞋里、袜子里、裤腿上全是土。

以前我有个女同学，我们叫她"夏利"，没错，就是曾经风靡一时的那款小汽车的名字。因为她的本名跟"夏利"的读音极为接近。跟我要好的还有一位张姓男同学，我们经常"欺负"她和一位钱姓女同学。每次都逗得全班哄笑。不过，其实我们只是嬉笑打闹，她们脾气都很好，从没跟我们翻过脸。

有一次我、夏利、张同学三个人相约周末去爬山。因为走的是土路，遇到了一道很高的坎，就是种树改造的那种便于灌溉的像梯田一样的坎，很高。高度应该在我的肩部位置。我跟张同学都爬上去了，只有夏利还跟在后边上不去。我拽着夏利的双臂硬生生地把她从下面拽上了高台，一身全是土，塘土甚至灌满了她的脖领，逗得我们三个哈哈大笑。现在想起来，记忆犹新。人这一生，走过的路总是值得纪念的，尤其是上学时，可能真正的快乐就停留在那些年了。

皋兰山的索道从我记事起就有了。只不过以前的没有现在的箱式缆车，而是那种滑雪场里的索道用的翻杆脚蹬的两座缆车。我还是更喜欢那种露天的刺激感。

现在索道的单程票价可能接近50元，入口改在了五泉山东龙口向上一两百米处。更安全，设施也更高级了。

"魁星阁"

皋兰山是兰州城区的最高峰，海拔接近2200米。皋兰山山顶有一座极为醒目的建筑——魁星阁。时代久远，人们已经忘了它本来的名称，只称呼它为"三台阁"，因为它建在三级高台之上。如果你站在城关区，只要没有高楼遮蔽视线，抬头向南看都能看到它。

在兰州，只有站在这里，才能真正的感受到李白写《夜宿山寺》时的心情。

夜宿山寺
唐·李白

危楼高百尺，手可摘星辰。

不敢高声语，恐惊天上人。

兰州夜景，唯有在此处才能一览无余，整个城关区尽收眼底。蜿蜒的黄河、盘踞的山脉、夜晚绚烂的霓虹，恐怕这就是上帝视角吧。

▲ 皋兰山魁星阁

▲ 魁星阁旁的烟雨楼

兰州"魁星阁"在中国历史上名望不高，没有诗词名家为其作赋吟词。它比不上黄鹤楼的精巧，没有滕王阁的盛誉，少一点蓬莱阁的仙气，缺一些岳阳楼的风光。可是在气势上它从未输过。我在互联网上查询了很多资料，如果我没有判断错误，这座阁楼应当是中国海拔最高的一座"魁星阁"，甚至有可能是海拔最高的一座阁。这一点我没有十足的信心，因为我掌握的资料有限。希望文旅部门和相关研究的学者能探究一下，作为一处文化标志，它应当受到足够的重视。

"魁星"即"奎星"，在介绍五泉山"文昌宫"时我已经大致说明了它的意义。中国古代的天文学家为了观测天上日、月和行星的运行规律，将天上的星宿选出了二十八个作为标记，并划分了四个区域：分别是东方青龙、西方白虎、北方玄武和南方朱雀。这就是东、西、南、北四宫，每宫里包含了不同数量的星官，每个星官带领着几百颗星星，每一宫里都包含七个行星坐标。

这四宫的每一宫分别构成一组形象，所谓的四象、四兽、四维、四方神。东方青龙由七组星宿构成了飞龙的形象；西方白虎构成的是老虎的形象；北方玄武是龟蛇互相缠绕的形象；南方朱雀连起来是鸟的形象。

其他的我就不详细讲解了，在第一章介绍九州台时，我们提到了青龙第一宿——角宿。有兴趣的可以去查查相关的资料。咱们就说说西方白虎七宿里的奎宿，也叫"魁星"，亦可称之为"魁首"的"魁"。

"魁星"是西方白虎第一宿。有说"魁星"是北斗七星第一星

▶ 在兰州"魁星阁"，
你可以尽揽兰州美景

肆 人文兰州

的，也有说它是北斗七星第四星的。

乞巧节，也就是我们说的七夕节。这天，女性拜织女，以乞获织女传授织布技艺；男性则要拜"魁星"，所谓"魁星点斗"。古代男性的文运和官运紧密相连，所以无论是拜"魁星"还是"文曲星"，又或是拜"文昌帝君"，自古都是中国民间的信仰活动。这也是中国在千年的农耕文明中形成的男主外、女主内的思想基础。

古代"魁星阁"遍布全国各地，香火鼎盛，直到现在也遗迹众多，其中供奉的就是魁星，多为"魁星点斗"的造像，是为昌一方文脉而建。

魁星点斗　独占鳌头

"拜魁星"是中国传统民俗信仰中不可缺少的一部分。前面讲文昌宫时我们提到了"魁星"，这里我们就来讲讲"魁星点斗"的传说。

隋唐以来，科举制度在我国盛行。所以"魁星楼""魁星阁"遍地开花，到了明清时更为流行。那什么是"魁星点斗"呢？魁星点斗的造像为何面目狰狞，蓝面赤发，似鬼而非神貌呢？

传说"魁星"本身是个大才子，连中三元。三元就是解元、会元、状元。乡试第一名称为解元，会试第一名称为会元，殿试第一名称为状元。可这个人相貌却很丑陋，上殿面圣时吓坏了皇帝，遂被逐出皇宫，失去功名。他悲愤交加，投海溺亡，面色铁青，幻化为鬼。

所以"魁"从"鬼"部。

玉皇大帝得知此事，深悯其人、其事，便御赐朱笔一支，命其掌管人间的科举选拔、文运兴衰。

所以魁星神像一手托砚，一手执笔。一只脚踏鳌首鱼身像——这正是鲤鱼被点化为龙的时刻，动态十足。另一只脚向上后踢，形成"斗字"，"斗"指北斗星，也泛指天上的星辰，在这里特指"文曲星"。这就是"魁星点斗，独占鳌头"的说法。

兰州"魁星阁"始建于元代，重建可追溯到明朝朱元璋的儿子肃王朱楧来兰。这座高阁就是朱楧为兴兰州文脉而修的。肃王朱楧笃信道教，在修建了兰州金天观之后，又建起了魁星阁。从初建至今，这里多次遭受战乱、火灾损毁，又多次重建。现在我们见到的是1984年重建后的样子。

接下来我们聊聊对兰州历史影响最大的一个家族——肃王朱楧和他的后代，其实大多数兰州人对他还是挺陌生的。

讲肃王之前，我们先要了解一段元末明初的故事，还有在朱楧来兰州之前出现在黄河上的镇远桥。

中山铁桥的前世今生

王保保城的始末

朱元璋洪武二年，元朝部队已退守到了甘肃境内。元朝太尉枢密使总理、全陕军务李思齐，在退守临洮后归附朱元璋。明朝设立了临洮卫、临洮府，迫于压力，兰州、金州（现今榆中县）相继归附。

陇右初定后，一股元朝势力——元朝太尉扩廓帖木儿部拥兵塞上。扩廓帖木儿就是兰州人熟知的王保保。

王保保一直拒绝明朝的招降，先后在山西韩店和明军围困兰州时大败明军，重挫了明军的锐气，为北元赢得了喘息的机会。

扩廓帖木儿生于河南光州固始县，光州就是信阳，他小字保保，汉姓王，所以时人亦称其为王保保。扩廓帖木儿是元顺帝的赐名。

到了洪武二年年底，明将徐达被召回南京参加常遇春的葬礼（徐达和常遇春都是明朝的开国将领），明军南撤。趁此机会，王保保集结元朝残兵十万余人，再次活跃于陇右地区，试图打通兰州、庄浪一线，与北元汇合。

残军将领贺宗哲配合王保保，北下劫掠兰州，首次出击就被徐达副将冯胜击退。王保保兵袭兰州时在兰州筑城两座，一座位于兰州市东岗镇古城坪；一座位于兰州市黄河北岸白塔山东侧的台地上，距离现今的黄河铁桥都只有一千米左右，也是"王保保城"遗址所在地。

　　元军从东、北、西三个方向包围兰州，此次战役僵持四个月之久。王保保偷袭兰州时，一度打得兰州守备明军措手不及。

　　王保保久攻兰州城不下，又闻徐达即将回军至定西，不得不放弃攻打兰州，转至定西沈儿峪一带。这场战役被称为明初的"兰州保卫战"。

　　洪武三年三月，明军再次西征。在沈儿峪一带剿灭王保保残部，守备军投降。王保保一家经宁夏逃往蒙古地区，五年之后王保保亡故，其妻毛氏殉葬。

兰州重要的关隘地位

　　"中山铁桥"修建之初名为"黄河铁桥"。之所以被称为"黄河第一桥"，是因为它是明朝黄河上游唯一的一座浮桥。而在清光绪年间，又将浮桥改为铁桥。它就成为黄河上游的第一座铁桥。更重要的是，它所肩负的历史任务从古代持续到了近代，其扼守的正是西北要津——金城津。金城津就是在中山铁桥向西一千米处的一个渡口，北周向东迁移后设立，此后隋代改"津"为"关"。

从明初架设镇远浮桥至铁桥的修建经过了500余年，加上铁桥的使用历史，镇远桥历经了600余年的沧桑。如今我们在中山桥南岸还能看到一根锈迹斑斑的"将军柱"，静静的伫立在桥头。这就是我们能看到的明朝"镇远桥"残留的遗迹了。

"黄河害，黄河险，隔河如隔天，渡河如渡鬼门关！"这是一段流传于黄河沿岸的民谣。由此可以看出，黄河作为一处地理天堑，不仅仅是天然的军事屏障，更是阻碍南北交通和经济发展的拦路虎。

西汉时，金城（西固）的青石津一带就有了金城津、郑伯津，都是黄河上游重要的军事渡口。北周武帝时，金城津东移至今铁桥附近。

隋唐时期，兰州地区各民族之间的贸易日益密切，兰州的经济枢纽地位愈加突出。只要是南北往来，必要渡过黄河。众多渡口便在黄河上出现了。"津"就是码头渡口的意思，如"天津"，就是天子经过的渡口。

兰州沿黄河而建，也可以说黄河贯穿了兰州。当时兰州境内有青石津、新城渡、钟家河渡、（七里河）浮桥渡、金城津、八盘峡渡、小寺湾渡、段家湾渡、（皋兰）什川渡，而在众多渡口之中，金城津与青石津尤为重要。这两处渡口与永靖的临津渡、靖远的索桥渡和鹯（zhān，单解此字是指古书记载的一种猛禽）阴渡，都是丝绸之路的必经要道，重要性可想而知。

▲ 兰州市博物馆内清朝黄河铁桥的模型

唐朝与吐蕃交往的"唐蕃古道",穿过金城关,而后经由乐都去往西宁,翻过日月山和唐古拉山,到达拉萨。包括唐朝使节出使逻些(拉萨),兰州也是必经之路,众多西行者都经此出关。唐大理卿刘元鼎会盟吐蕃时,走的就是这条道。

传说——玄奘渡河白马浪

黄河兰州段有五处峡谷,分别是:达(tǎ)川八盘峡、梁家湾柴家峡、雷坛河口白马浪、榆中桑园峡和皋兰什川黄河大峡谷。黄河出兰州就是白银水川的乌金峡。

"白马浪"处河道狭窄,河水湍急,加之雷坛河水在此处汇入,白浪叠起,犹如万马奔腾踏过河床激起的浪花,故名"白马浪"。金城关依黄河北山而建,此处的黄河峪谷就是"白马浪"。

玄奘取经的故事因为《西游记》家喻户晓,他也是由兰州经河西走廊去往西方的。而他的传说也与中山桥向西大概五百米处的"白马浪"有所关联。

在黄河南岸有一处雕塑群,是唐僧师徒四人西行取经的形象。唐贞观三年,玄奘取道兰州时,传说是在庄严寺落的脚。当他离开兰州时,便是在白马浪渡的河。这一说法源自1992年,当时我市著名的工艺美术大师阮文辉去往日本访问,介绍兰州历史文化时,被问到"玄奘是在兰州何处渡过黄河的",阮文辉答在"白马浪处"。后来此处便有了唐僧师徒四人的塑像。实际上,玄奘应该是在金城津处渡河的。因为白马浪处水流湍急,并不适宜渡河,且距离金城津也就500来米,他没有必要冒这个险。

站在白马浪南岸回头看,可以看到一座道观,那就是传说中的白云观。

白云观里的吕洞宾

凡人要渡河,仙人也不例外。

白马浪边的白云观里,供奉的是"八仙"之首——吕洞宾。吕洞宾并非道教独尊,在佛教里也享受香火。道教称其为"吕祖""妙道天尊""纯阳真人"等,佛教则称其为"文尼真佛"。之前讲五泉山的文昌宫时,我们提到了"文昌五帝君"。吕洞宾就是"文昌五帝君"之一的纯阳帝君。常与文衡帝君、朱衣神君、魁星星君和文昌帝君共祀。

虽说吕洞宾受到了宗教的推崇,但其身份并非凭空杜撰,历史上真有其人。不仅真有其人,此人还颇有文采,他以"游仙诗"著称,《全唐诗》里收录其创作的诗作数量达280首之多。在这里列出两首:

句

唐·吕岩

莫道升仙无学处,古今多少上升人。

闲题

唐·吕岩

独自行来独自坐，无限世人不识我。

唯有城南老树精，分明知道神仙过。

吕洞宾原名吕岩，是唐末向五代十国过渡时的山西人，道教全真北"五祖"之一。

"白马浪"的地名也与吕洞宾在此渡河"显灵"有关。相传在明末清初时，某年夏天，吕洞宾西行后东返，站在黄河北岸，被东去的黄河阻去了前路，便拂尘一挥，口念玄咒，他所骑白马便踏着黄河河面而过。奔流汹涌的黄河浪花四起，巨大的浪头拍打着河岸。民众目睹大为惊奇，故将此地命名为"白马浪"，并在他显灵之地建起一座"吕祖庙"[①]白云观内现今还留有一块显有吕洞宾足印的大石。

到了道光十七年（1837）年，兰州乡绅上书时任陕甘总督的瑚松额，扩建吕祖庙规模，改建为"白云观"。据记载，"白云观"初建时，规模宏大，有上、下两观。上观位于七里河崔家（ái）极寿山，下观位于雷坛河入河口东侧。建成后，"白云观"成为清朝时期兰州地区规模宏大、建筑完整的道教"十方丛林"。

"十方丛林"有佛教丛林和道教丛林之分，意思就是全国宗教信徒公有的寺院，有传戒的特权而不能私收徒弟。而道教的"十方丛林"又叫作"十方常驻"，有别于世袭相传的"子孙庙"。据史料记

[①] 此传说也在河南省的黄河边流传着。——作者注

载，白云观是一座规模宏大、中轴对称的古建筑群，观内古树参天，建筑匠心独具。亭台楼阁鳞次栉比，廊桥蜿蜒。整个建筑群多以道教"八仙"为主题修建。新中国成立前，它屡遭破坏，多处文物已遭损毁。如今这里是甘肃省道教协会的所在地，甘肃省重点文物保护单位，已然修葺一新。门上"白云观"三个大字为新中国成立后甘肃省省长邓宝珊所书。

在中国，宗教与民间传说之间总是多有牵连，虽然传说玄幻色彩浓厚，且往往难以考据，但也从侧面说明了一个问题，那就是兰州作为古代丝绸之路上通往西域和吐蕃的重要交通枢纽，地位不低。且金城关关隘的设置由来已久。而镇远浮桥的架设，恰恰是顺应了历史需求的必然。

"广武梁"和"飞桥"

在兰州西固的达川湟水入河口，有一座青色的大石头，古称鸣雀峡。这里是古代通往青海西宁和河西地区的交通要道，兵家常争之地。而这本书开篇时我们讲了西汉元狩二年霍去病拿下河西地区，汉武帝命李息在黄河边建起了最初的"金城"。当时这座军事要城就扼守在渡口之上，渡口之名就是青石津。青石津在明清时期也一直是直达青海、新疆的要津。青石关碑文记载："咸丰十年，此处建青石关城，有一夫闭关，全渡紧锁之雄。"

安史之乱后，河陇地区归吐蕃统治。河陇地区是古代一个泛指概念，就是甘肃境内河西地区与陇右地区的合称。因元代后才设立行省制度，所以古时多以地理概念描述甘肃地区。当时吐蕃已占据了陇右和河西走廊地区。据《沈下贤文集》记载，"自瀚海以东，神鸟、敦煌、张掖、酒泉，东至于金城、会宁，东南至于上邽、清水，凡五十六郡、六镇、十五军"之地。"瀚海"是指新疆吉木萨尔县北部地区。"神鸟"是指当时的河西走廊三巨头，姑臧、神鸟和小张掖里的神鸟县，即现今的武威市天祝县祁连镇（加"小"是区别于张掖郡）。这里是凉州"六部鲜卑"之一的慕容家族祖茔。(凉州"六部鲜卑"有别于凉州六部的藏族部落，六部鲜卑是指慕容鲜卑、拓跋鲜卑、宇文鲜卑、秃发（fá）鲜卑、段部鲜卑、乞伏鲜卑。)

吐蕃占据兰州后架起了黄河兰州段上的第一座临时浮桥——广武梁。不过它还不是黄河上最早的桥梁。

据记载，公元5世纪，也就是西汉末期，在王莽篡汉前，鲜卑族人在枹罕（甘肃临夏）建立起来了一座"飞桥"。这座"飞桥"可谓奇观，它是一架没有桥墩的桥，飞跨于峡谷之间。桥梁界称其为"伸臂木梁桥"。这架桥历经多次损毁和重修，最终在1099年毁于西夏。400年后，一位明朝诗人吴调元为其作诗，刻于河边的大石之上。诗句壮美，字迹也不乏娟秀。

无题

明·吴调元

山峰滔浪浪淘沙，两岸青山隔水崖。

第一名桥留不住，古碑含恨卧芦花。

如今这座桥的遗迹连同那块刻字的大石都消失了。因为1968年刘家峡水库蓄水时，它们已经被一并沉入水底。也许哪一天水库干涸了，后人就又能看到它们了吧。在临夏炳灵寺石窟景区门前，现在还能看到一座刻有"天下第一桥"的石碑，此处风景格外秀丽。刘家峡蓄水后犹如桂林山水一般的景象令人叹为观止，湖边数百丈山峰直插云霄，有"万笏朝天"之盛誉。

▲ 我上学时，在炳灵寺石窟的留影

当然，无论是"广武梁"还是"飞桥"，距离金城津都有很长的一段路程。到了宋代，司马光在《资治通鉴》中提出："天下富庶者无出陇右"。这就说明，兰州已经成为唐宋时期全国范围内最富有、繁荣的地区。这完全是拜"丝绸之路"的贯通和其重要的战略位置所赐。北宋时期，在金城关、喀罗川口也建有两座临时性的浮桥。喀罗川口是庄浪河汇入黄河的入河口，但这两座浮桥使用了没多久就被拆除了。

这些渡口陆陆续续繁荣到了明朝，随着海上丝绸之路的崛起，兰州的经济地位迅速下降，河西走廊的繁荣也随之凋敝。想要直观地感受这一点，可以去敦煌看看。莫高窟的开凿就是随着丝绸之路的兴起而繁荣，随着丝绸之路的衰败而萧条的，这件事从十六国时期的前秦持续到了元代，大概1000年的时间。

虽说明初兰州地区的经济地位有所下降，又因人口不足，兰州降至县级；但作为边防重镇，兰州的政治地位却愈加重要。

镇远浮桥

据《河桥记》记载，明朝初年，出于军事防御的目的，朱元璋执政期间，先后两次在黄河兰县段架设浮桥，一次是洪武五年，一次是洪武八年。两次架设，都是为了行军便利。洪武五年的浮桥是宋国公冯胜西征返回时临时架设的，军队过后即废止，位置在城北约七里

（约3.5千米）处。

而洪武八年这座浮桥是卫国公邓愈平定西宁和河西时为了行军和行赏便利所架设的，位置在城西十里（约5千米）处。河西平定后，这座浮桥并没有及时被拆除，还由此得名"镇远浮桥"——桥如其名，取安定西北边陲之意。但此处并非现今中山铁桥的位置。

洪武十七年，由于初设浮桥处河水湍急，浮桥不易久用，就由兰州卫指挥佥（qiān）事杨兼探查确定后，在金城关遗址处重新架设浮桥。此时的浮桥位置就是今天的中山铁桥的位置，北邻金城关、白塔山，向西500米就是白马浪峡口处，易守难攻。

浮桥正式竣工应该是在洪武十八年的春季。我爷爷在世时曾和我讲过，黄河是有结冰期的，即便是在新中国成立后，到了冬季，依然会有马车、行人在结冰的河面上赶路；春季也能听到冰凌解冻的的声音。而黄河结冻和解冻时，都会破坏浮桥。因此，这座浮桥每到冰解时就要重新搭建，结冰前又要拆除。搭建浮桥难度很大，动辄需要数百人一起行动。

关于黄河结冰期的景象，清朝回族文学家马世焘留有一首《冰桥》。

冰桥

清·马世焘

浮梁已解旧虹腰，十月坚冰又作桥。
岸上不容狐耳听，霜中但送马蹄遥。

踏来霏雪人千里，穿破寒烟路一条。

屈指春风堪折柳，河边流水又迢迢。

严冬已到，旧时虹桥已拆，黄河上的坚冰已化作新桥。相传狐狸生性多疑，冬日过河时，要细听冰下的流水声，确定安全才会过河。如今因为车马的繁忙，已容不得狐狸细听冰面下的流水声了。人们穿过冰霜、驾着车马渡过黄河越走越远。千里外踏着霏雪而来的远客，穿破寒雾行走在这条漫长的雪路中。不过没几个月，春风又会到来，河水还是会奔流远去。

这座桥的建造方式也很特别。当时黄河上有28艘木船，常用的有25艘，河水上涨时，水面变宽，剩余的3艘也就派上了用场。而这座浮桥就是这28艘木船用绳索串联而成的。

人们将这些船在造桥位置的上游提前绑好，每艘船都装上数筐巨石。随后，人们在上游逐渐放开绳索，等船到了预定位置后再收紧绳索，使船停留在水面上。接着，人们将装有石块的箩筐，也就是石锚投入水中，船之间以绳索相连，这些船就固定好了位置，互相牵缀。最后，人们再在船上架设上木梁、栅板，浮桥就搭建完成了。

冯胜和邓愈这两位西征将军先后命永靖县半个川王氏家族的王宣、王训二人铸造四根铁柱，立于黄河两岸，用以固定浮桥。这件事被记载在王氏家谱里，故而这四根铁柱也被称作"将军柱"。

《甘肃通志》有载："南北两岸铸有铁柱四个，木柱四十五根，铁缆两条，各长一百二十丈，棕麻、草绳各相属。冬拆春建。"

1909年，黄河铁桥落成。这四根铁柱就被埋在了河滩之下。1953年扩建北滨河路时，挖出两根，其中一根铁柱上依稀可以辨认出"兰州卫指挥王镇临洮府通判……"及"卫镇抚袁昶百户郡县……"等款识。可惜的是，这两根铁柱在1958年被熔炼。后来人们又在河沙中挖出一根铁柱，上铭字样："洪武九年岁次丙辰八月吉日总兵官卫国公建新柱于浮桥之南系铁缆一百二十丈。"这根邓愈监铸的铁柱现在作为全国重点文物保护对象被立在了黄河铁桥的南岸，供游人参观。

　　明朝初年，镇远桥具有重要的军事地位。兵部尚书马文升如此评价："陕西之路可通甘、凉者，惟兰州浮桥一道，若敌据此桥，则河西隔绝，饷援难矣。"

　　不仅如此，这座桥在经济交往中也格外重要，它是明朝茶马互市的重要通道。明朝茶马交易实行金牌制度，持有朝廷特制的"金牌信符"才能从事交易，不能擅自入市。据《明史》记载，朱元璋斩杀驸马欧阳伦，就是因为他从事茶叶走私。欧阳伦在镇远浮桥处受到盘查后，毒打司使。司使不堪受辱，上告朝廷。朱元璋不仅斩了自己的驸马，连陕西布政使司官也因知情不报一并受到牵连被处死。

　　镇远浮桥自1384年至1909年在黄河上漂浮了五百年，对明清的军事和贸易都起到了至关重要的作用。

▲ 兰州市博物馆内的明朝镇远浮桥模型

中山铁桥

如今我们看到的恢弘典雅的铁桥，是1928年为纪念孙中山先生而定名为"中山桥"的。铁桥在初建时，被定名为"兰州黄河铁桥"。

我小时候中山铁桥是通车的。那时候车辆也不多。大概是20世纪90年代，还有车辆在桥面上通行。到兰州来观光的游客好像都要来这里拍照留影。

今年夏天，兰州的游客激增。看看中山铁桥的人流量，看看坐羊皮筏子的游客，还有在河边戏水的家长和孩子。突然感觉，兰州似乎一夜之间被大家认识了。以前我在外地，好像所有人除了知道"兰州拉面"，对兰州的其他一无所知。

前两年还有女演员站在中山铁桥桥头表演敦煌舞蹈，今年似乎也没有她们跳舞的地方了。这是兰州人始料未及的。

清朝时期，兰州成为西北地区的政治、军事、经济和文化中心，被描述为"关西巨镇"。而中山铁桥的建立不仅标志着兰州在清末已经走上了近代化的进程，而且这也是晚清"新政"留给后世中国的重要遗产。

兰州位于黄河上游，而镇远浮桥远不能满足其作为西北交通要道的需求。一座铁桥的架设，在清朝末期已经成为推动整个社会进入近代化的势在必行的事件。

要继续讲中山铁桥，就不得不再次提起清末的"洋务运动"了。洋务运动期间，左宗棠在兰州创办了"两局"：兰州制造局和兰州织呢局。这件事我们在讲左宗棠时提到过。当时的兰州已经成为"洋务运动"在西北地区的中心。

而在左宗棠调离兰州后，制造局、织呢局先后停办。光绪二十一年（1895年），清军在甲午战争中战败。在签订《马关条约》的前夕，维新派代表人物康有为和梁启超联合全国1200余名举人，策划了"公车上书"事件，请求清政府拒签《马关条约》。当时甘肃举人签名数量位居全国第五，他们还起草了一份《甘肃举人呈请中国政府废除马关条约文》。随后就是"百日维新"，在讲谭嗣同时我们已经提到了。当慈禧太后发动政变，镇压变法后，又爆发了义和团运动和八国联军侵华战争，这些事件一次次给予动荡不安的清王朝难以承受的打击。

光绪二十六年，也就是1901年的1月29日，慈禧太后为了维持即将奔溃的清王朝贵族统治，不得不主动举起了自己曾亲手扼杀的变法大旗，服下了清王朝的最后一颗续命药丸，颁旨推行"新政"。这是满清贵族苟延残喘之时的无奈之举，不得不承认，其改制的十年，确实给中国带来了先进的生产技术，使得中国的发展向前迈进了一步。当时，兰州制造局、兰州织呢局在兰州"道尹"[①]彭英甲的主持下恢复生产。这就是黄河铁桥修建的背景。

虽说兰州黄河铁桥旁的赑屃（bì xi）驮着的石碑上写着"黄河第一桥"，可它并不是当时黄河上建成的第一座铁桥。

"新政"期间，清政府引进了先进的技术和材料，包括西方的设备，先后在黄河上架起了三座铁桥。第一座是郑州的黄河铁桥，于

---

① 道尹也称道台、道员、观察使等，是明清时期的地方政府长官。——作者注

1905年建成；第二座就是兰州的黄河铁桥，于1909年建成；第三座则是济南黄河铁桥，于1912年建成。

郑州和济南的黄河铁桥都是铁路桥，唯有兰州的黄河铁桥是一座公路桥。郑州铁桥和济南铁桥在新中国成立后先后被拆除，所以中山铁桥就成了黄河上唯一一座保留至今的近代建设的永久性铁桥，是当之无愧的黄河第一桥。

改浮桥为铁桥的建议，最早还是由左宗棠提出的。时任陕甘总督的左宗棠带领湘军平定新疆之时，镇远浮桥被河水冲断，十万大军等待渡河，只能重建浮桥。而浮桥每逢冬季就要拆除，春季又要重建，既耗费财力也耗费人力。

当时清政府与外商洽谈修桥事宜，但对方要价过高，有的甚至达到了300万两白银，最低的建造报价也要60万两白银，此事就被搁置了。直到光绪三十二年（1906年），时隔30余年，彭英甲受时任陕甘总督升允之命与德国泰来洋行达成协议，以16.5万两白银包修铁桥并奏请清廷批准。当时慈禧太后朱批了"知道了，钦此"几个字。

这座由美国桥梁公司设计，德国泰来洋行承建，中国工匠施工的铁桥于1909年8月30日通车，至今已115年。桥身全长233.5米，宽度为8.36米，下部水泥砌料石墩4个，全部灌注在岩石层上。刚建成时，桥体刷的是橘红色漆，上部为平弦顶，并无拱形钢梁设计，南北各有牌楼。抗日战争时期，为防止日军轰炸，橘红色的桥体被刷成了铁灰色；1941年，为方便车辆通行，两端牌楼被拆除；1954年，为使铁桥坚固稳定，在铁桥上层加建了拱形钢梁。

此桥修建颇费周章，受到了多重人为阻挠，能建成实属不易。施工开始前，少数地方官员，包括兰州知府傅秉鉴、甘肃按察使白遇道等都抵制修桥，拖延消极。甚至还有一位庄浪举人牛献珠在即将开工之时，还上书朝廷"请停休黄河铁桥"。其理由尽是些无稽之谈，从出卖主权到财政困难，列举痴昧言论，受到了当时督建铁桥官员彭英甲的有力反驳。

除了人为阻挠，材料运输也存在极大困难。钢筋、水泥、施工用具皆需要从德国购进，海运到达天津；再由铁路运至北京丰台火车站，转运至河南新乡，最终经由西安，畜力运输到兰州。

当时河南新乡至兰州段没有铁路，通行只能走驿道，途径潼关和六盘山脉，其间深沟大壑，山路崎岖。工程材料由在兰州经营大车[①]运输的王新年承包运输，他在天津订造了6辆大车，加上其原有的40辆都投入了运输。不仅如此，途中还需多次采用人力手推车、骆驼等原始的运输工具。寒来暑往，骡车马车齐上阵。由此也多出了12.4042万两的运输费。这些材料总共100余吨，跨越了天津、北京、河北、河南、陕西，历经十个月，最终才运抵兰州。

整座桥梁从勘测、设计、运输到施工都耗费了相当大的精力。在修建黄河铁桥时，由于来不及进口，很多零部件都是由兰州机器局生产的，其生产水平之高超，得到了许多外国工程师的认可。兰州黄河铁桥，不仅具有重要的军事意义，更加促进了连接河西走廊经济脉络

[①] 大车是指牲口拉的两轮或四轮载重车。——编者注

的形成，是清朝末年"新政"期间，西北交通建设的标志性工程之一。

无论是镇远浮桥还是中山铁桥，都已经成为600年间兰州人无法忘记的历史记忆。无数诗人在此留诗。清朝末年天水知州董平章曾留下一首《兰州怀古》。

兰州怀古

清·董平章

卬（áng）须城北岸，舟子不烦招。

白塔当前寺，黄河第一桥。

绳绳排鹢（yi）首，宛宛卧虹腰。

更看层冰合，轮蹄迹印遥。

明朝兰州地区的行政建置

先解释一下"藩"这个字吧。之前我们提到"吐蕃（bō）""蕃（fān）部"用的是"蕃"，现在又讲到了"藩"，还有一个"番"。这三个字在释义部落、民族聚居区，以及分封、臣服的各国和地区时，都读fān，字意也相通。也就是说"藩部""蕃部""番部"其实是一个意思。读音一样，词意一样，只是写法不同。

金、元两朝时，兰州分属临洮路和巩昌路管辖。进入明朝，兰州地区降级为县。明朝政府设置了兰县、金县、庄浪卫、兰州卫和兰州中护卫。

兰县辖现今的城关、七里河、安宁、西固四区。金县为榆中县，属陕西布政使司的临洮府管辖。

庄浪卫、兰州卫、兰州中护卫都属于军事建置，分属"陕西行都指挥使司""陕西都指挥使司"和肃王直管。

明朝"三司"

明朝为了加强中央集权，废除"行省制度"，设立了"三司"，即，承宣布政使司、提刑按察使司、都指挥使司。类似于西方的三权分立。

"承宣布政使司"是民政机构，相当于元朝的"行中书省"，是国家的一级行政区，但不以"行省"称呼，可简称为"藩司"，或"布政使司"。

"提刑按察使司"是司法机构，负责司法事务，也可简称为"按察使司"。

"都指挥使司"是在地方设置的军事机构，类似于现在的"军区"。

这"三司"皆为省级行政单位的最高机关。三个部门的长官同阶、同品，互不隶属，各对中央负责。

除了以上"三司"，边防要地、战事频发地区，还要设置军民合一的统治机构，即单设都司。例如，在辽宁辽阳设有辽东都司，在内蒙古宁城设有大宁都司，在河北宣化设有万全都司。

还有陕西、山西、湖广、福建、四川增设的"行都指挥使司"。"行都指挥使司"是一种比较特殊的管理模式，不同于各省都司，这是以军民合一的管理方法管理边防地区的模式。

全国共设置了13个"承宣布政使司"、16个"都指挥使司"、5个"行都指挥使司"。

当时甘肃并没有省级的行政建置，而是被一分为二，大体是兰州以东的府、县归陕西布政使司管辖，河西走廊包括西宁、庄浪等卫归属陕西行都指挥使司管辖。

朱楧来兰建藩

朱楧是朱元璋的第十四个儿子。朱楧的母亲郜（gào）氏，在朱元璋的后宫中地位较低。朱楧3岁被封为汉王，当时他的封地是安陆，就是现在的湖北省钟祥市。不过，他只是享受食邑（就是封地的意思）的租税。因为年幼，本人还是留在应天（南京）学习。16岁时朱楧跟随兄弟们去山东临清练兵。

朱元璋很重视教育，培养出来的儿子"善骑射、能诗文、谋勇兼资"。因此朱楧也受到朱元璋的喜爱，后来改封"肃王"，食邑为"甘州"（甘肃张掖）。

17岁时，朱楧先驻平凉，同期开始营建甘州的肃王府。次年，陕西行都指挥使司由庄浪卫徙置甘州，也就是从永登搬去了张掖。朱元璋调整了甘州的军事建置，命李文忠之子李景隆为"平羌将军"，为朱楧铺平了就藩之路。李文忠是明朝的开国元勋，朱元璋的亲外甥。朱楧20岁时正式就藩甘州，朱元璋命其督理陕西行都指挥使司军务。朱楧22岁时，朱元璋诏命他在所辖范围内屯田养军；若有征战要求，朱楧须听从长兴侯耿炳文的安排。

建文元年，朱元璋的孙子朱允炆登基。这一年，23岁的朱楧将肃王府从张掖迁至兰州——这是迫于朱允炆的压力而做出的无奈选择。

建文帝朱允炆登基后意识到诸王觊觎皇位，开始大幅削藩。就藩河南开封的周王朱橚（sù）、就藩山东青州的齐王朱榑（fú）、就藩山西大同的代王朱桂、就藩云南的岷王朱楩（pián），均被贬为庶人。就藩湖北荆州的湘王朱柏自焚，就藩大都（北京）的燕王朱棣被监视。

而肃王朱楧在甘州手握重兵，且具备地理优势。建文帝为防止朱楧和朱棣暗中串联，故将其藩属移至兰州，以便朝廷管控。自此，历代肃王皆坐镇兰州，直到明朝灭亡。当最后一任肃王朱识鋐被李自成部下贺锦抓获，并送至西安处死后，在兰州坐镇了244年的明朝肃王家族才正式退出了历史舞台。

白塔依黄河

白塔寺二首

明·李文

其一

金城关外寺,殿宇枕岩阿。
地僻飞沙少,山高怪石多。
钟声闻紫塞,塔影浸黄河。
最爱谈禅处,何妨载酒过。

其二

隔水红尘断,凌空宝刹出。
龙归山月晓,鹤唳海天秋。
白塔凌云起,黄河带雨流。
倚栏凝望久,烟树晓悠悠。

明朝诗人李文以深厚的诗词功力向我们立体地展示了白塔山、金城关和黄河的关系。金城关外的白塔寺，殿宇楼阁枕靠在蜿蜒曲折的岩石之上。此处僻静，少有飞沙走石，高山之上怪石嶙峋。钟声在北方边塞之城兰州响起，塔影浸在了黄河的河面之上。最喜欢在这里谈说禅道，也不妨来喝几杯美酒。

看着河对岸的喧闹城市，仿佛是黄河隔断了红尘俗世，凌空之上，古刹入天。黄昏已过，龙已归巢，山头月初晓，高亢的鹤鸣声响彻在茫茫秋色中。白塔仿佛建在了云层之上，黄河水带着微微细雨从眼前流过。依靠着栏杆向远处眺望，久久凝视于这美景，炊烟顺着树梢袅袅升起。

让我绞尽脑汁才尽可能还原地翻译了这两首诗。尽管如此，我仍认为如今大篇的白话完全比不上古人的三言两语的描述，由远到近、由高到低、由静到动、由景到心，似乎每一处的描述，我的翻译都是多余的，还描述不出来人家的意境。

不过，李文对这番景象的描述一点也不夸张。如果有机会，朋友们可以黄昏时分去白塔山顶看看。白塔山公园傍晚可能会闭园，但是可以驾车或打车，从罗九公路直达山顶。站在白塔寺前，好好看看这传世千年的美景。甘肃省博物馆馆藏光绪年间的《金城揽胜图》，基本就是以此处的视角绘制的。不过我们很幸运，能看到古人看不到的，那就是清末建造的中山铁桥和高耸的现代化都市楼群。

突然觉得，古代诗人真的非常善于取景，他们竟然懂得摄影的技巧。黄昏和黎明的光线最为柔和，云雾交替，光线变换之中就能观察到那种即朦胧又悠远的画面。一首诗呈现出来的细节，甚至比一张直观的平面照片还要多。除了景色的变化，还有时间和空间的变化，以及人物内心的变化，全方位地定格了当时的状态，让人身临其境。

山中塔

依傍着黄河，在金城关的东边，正对着中山铁桥的上方，有一座白塔山。白塔山中有一座白塔寺，白塔寺中有一座白塔。

无独有偶，在武威市凉州区东南方向20千米处也有一座白塔寺，里面同样留存着一处几米高的白塔底座。

两座白塔寺，一座在武威，一座在兰州，都是元朝初年初建的，也都是为了纪念西藏第一次并入中国版图。武威的白塔寺是为了纪念在"凉州会盟"中做出重要贡献的萨迦班智达，白塔基座里供养的就是他的舍利子。

而兰州的白塔寺是为了纪念在"凉州会盟"之前，为实现西藏和平统一而努力奔走的一位著名的喇嘛而建的。

元太祖成吉思汗在统一帝国期间，曾希望和平解决与藏区的政治问题，就写信给西藏萨迦派法王（花教），希望和平统一西藏。萨迦派法王就派出了一名大喇嘛，前去拜谒成吉思汗。不过这位喇嘛刚到兰州就因病去世了。这件事发生在1226年之前。1226年西夏灭亡，兰州被正式划入元朝的版图。后为了纪念这位大喇嘛，元政府下令建造了兰州的这座白塔寺，并修建白塔于其中。至元末，这座白塔被毁。①

"凉州会盟"的时间是在1247年，萨迦班智达与窝阔台的次子阔端是在凉州会见的。有很多文章将这两件事混为一谈，虽然性质相似，但实际上二者发生的时间相差了20余年。

在人民出版社2021年6月出版的《兰州通史·秦元卷》中是这样描述的："白塔山上的白塔寺，据传是元朝西藏僧人所建，从白塔的建筑形式与风格，以及元代藏传佛教在兰州的影响看，这是很有可能的。据嘉靖二十七年撰《重修白塔寺记》，明英宗正统十三年戊辰（1448年），镇守太监刘永成在'原有白塔古刹遗址'上重'起梵宫，建僧居，永为金城之胜境'。1448年去元亡不足百年，所谓'白塔古刹遗址'很可能是元代遗址。"

现今我们看到的这座白塔是明朝嘉靖十七年（1538年）"乡彦②"郑子敖与其友杜均凯等人号召官民一起出资重新修缮的。

明朝修建的白塔高17米，七级八面。佛龛中总共供奉了28尊佛像，56只风铃。现在只剩下一尊佛像了。这座白塔是藏传佛教的塔型和汉传佛教密檐塔型的结合体，下部为宝瓶形的覆钵式白塔，上部是八角形密檐塔锥。

不同于西安的密檐型小雁塔和阁楼式砖体大雁塔，这样的佛塔在兰州有两座，我们在讲兰州博物馆中的多子塔（白衣塔）时已经提到过。将两种派别的佛塔融合在一起的做法，充分说明了兰州在古代民

---

① 参见旅游教育出版社2008年9月出版的《趣闻甘肃》。——作者注。
② 彦指有品德、有文采的人。——作者注。

族融合中发挥的巨大作用——思想和文化经过激烈碰撞最终糅合为一体。这样的文化现象也是整个中华民族文化交融的见证。

　　白塔寺中有"镇山三宝",那就是象皮鼓、青铜钟和紫荆树。象皮鼓是20世纪80年代的现代仿制工艺品,传说为一个印度僧人云游到白塔山时所赠。而青铜钟为清康熙年间的文物,距今300余年。此钟在抗战时期担负着空袭警报的重任。新中国成立后,一度被用作兰州大学的报时钟。1966年被人盗卖,经多方交涉后被追回。现这口300余年的铜钟在重大法会时,依然会被敲响。原生于寺中的"紫荆树"早已枯死。紫荆树原产南方,因其木质柔韧,常因被用于制作斧钺(yuè)的手柄而知名。但白塔山的紫荆树实为"文冠果",是生长于中国北方的常见乔木,四五月开花,七八月结果。花色粉中带紫,故被误传为紫荆。果实成熟后裂开三瓣,形似古时文官的官帽,所以也被称为"状元树"。

中华文明三大瑰宝之一——禹王碑

　　在白塔一侧,立有一座篆刻有蝌蚪文的"禹王碑",咸丰十一年(1861年)由酒泉人侯建功摹刻。

　　"禹王碑"又称"岣嵝碑"。2007年之前,长沙市西岳麓山北峰的禹王碑被视为现存最早的禹王碑,为宋朝诗人何致摹刻,立于南宋嘉定五年(1212)年。禹王碑的原刻位于湖南衡山岣嵝峰的崖壁之上,故而也叫"岣嵝碑"。它与黄帝陵、炎帝陵,被文物界誉为中华民族"三大瑰宝"。此碑一度消失了上千年,2007年之前,无人知其踪迹。2007年发现其母石,距今已有4000余年。不过因为年代久远,加之农户砌房时损毁,其上篆刻的文字早已损毁。清康熙年间,有人将衡阳石鼓书院禹王碑的石刻又复刻于禹王碑母石一侧,现为湖南省重点文物保护对象之一。

关于禹王碑最初是谁刻的,在哪个朝代刻的,现在都不得而知,但这丝毫不影响它在中华文明进程中的重要历史地位。

学界普遍认为,此碑记载的是大禹治水的功绩,亦被称作"大禹功德碑"。关于禹王碑,《吴越春秋》和《水经注》,以及南北朝时期的《吴越记》等古籍中均有记载。到了明朝,长沙太守潘镒将此碑拓下,摹刻与各地。云南大理、浙江绍兴、陕西西安、湖北武汉、江苏南京、四川北川、河南禹州均有复刻石碑。

不过兰州白塔山上的禹王碑不同于岳麓山上77字的禹王碑,兰州的石碑上只有72个字。排列方式也有不同。因为字体奇异,现无人确切解出其内容。明朝杨慎和现代学者马贺山、刘志曾破译禹王碑碑文。但也没有受到学界的广泛认同。明朝文学家、金石学家杨慎释文如下:

"承帝曰咨,翼辅佐卿。洲渚与登,鸟兽之门。参身洪流,而明发尔兴。久旅忘家,宿岳麓亭。智营形折,心罔弗辰。往求平定,华岳泰衡。宗疏事

▲ 兰州白塔寺内的禹王碑

哀，劳余神埋。郁塞昏徒，南渎愆亨。衣制食备，万国其宁，窜无（舞）永奔。"

白话译文是：奉虞舜帝诏，大禹是似我羽翼一般辅佐我的良臣。登上泛滥洪水中的岛屿，站在鸟兽通行的路上。置身于洪流之中，明天就出发去办理此事。长久在外，忘记归家，露宿在了岳麓亭之中（此处不一定指现今的岳麓山）。竭尽心智而导致形象折损，心里装的都是时间（罔：罔顾。弗：表否定。辰：表时间。双重否定表肯定）。来往奔波于华山、泰山与衡山，就是为求平定水患。因疏通河道损耗了劳力而受到尊崇，清除了余下的挡在河道里的植物的根茎。使得那些糊涂轻蔑之人，有衣穿，有饭吃。保无数国度之安宁，人们无需奔波逃窜（窜无永奔的"无"，若是"无"就如此翻译；若是"舞"，则翻译为：使得洪水遁逃，永不复来）。

杨慎是明朝三才子之首，另外两位是徐渭和解缙。也许你对杨慎不熟悉，但他的那首《临江仙》你一定不陌生。

临江仙·滚滚长江东逝水

明·杨慎

滚滚长江东逝水，浪花淘尽英雄。是非成败转头空。

青山依旧在，几度夕阳红。

白发渔樵江渚上，惯看秋月春风。一壶浊酒喜相逢。

古今多少事，都付笑谈中。

还记得吧，它是电视剧《三国演义》的主题曲。关于禹王碑有很多传说，其中有一个说法是，禹王碑的文字，百姓不得相认。传说大禹治水后，百姓要将其功绩镌刻于南岳衡山的岣嵝峰之上，遭到了大禹的拒绝。但百姓一再坚持，大禹就将篆刻文字改为蝌蚪文。因大禹自谦，不想过分赞扬自己，所以民间传此"禹王碑"为天书。若遭破译，洪水将再次泛滥中华大地。

早在唐朝时期，韩愈和刘禹锡就为"禹王碑"写下了歌咏的诗文。

岣嵝山

唐·韩愈

岣嵝山尖神禹碑，字青石赤形模奇。

科斗拳身薤倒披，鸾飘凤泊拿虎螭。

事严迹秘鬼莫窥，道人独上偶见之，我来咨嗟涕涟洏。

千搜万索何处有，森森绿树猿猱悲。

游祝融峰

唐·刘禹锡

常闻祝融峰，上有神禹碑。

古石琅玗姿，秘文璃虎形。

甲骨文出现在距今3600年前，因而西方学者普遍认为夏朝之前中国是没有文字的。然而学者马贺山提出，这种蝌蚪文就是夏朝的传世文字，应称其为"夏篆"。目前能够认定的是，夏朝确实有典册，只是在被商朝推翻统制后，夏典亦被毁弃。年代久远，现有考古遗存只能是旁证，暂且还没有发现夏朝确切的文字体系。

明清、隋唐，乃至更早以前，就曾有古人记录过禹王碑的传说，但并无实证明传说的真实性。当然，无论禹王碑上篆刻的文字是确实存在的文字体系，抑或后世伪造的"夏文"，它都是十分珍贵的。这些文字作为文化的载体，其演变、发展的复杂程度，远超现代人的想象，也见证着中华文明上千年的文化传承。

除了禹王碑，在白塔的西侧还有一块明朝重修白塔时镌刻的石碑，为《重修白塔寺记》。碑文如下："吾兰之河山北，原有白塔古刹遗址，正统戊辰间，太监刘公来镇于此，暇览其山，乃形盛之地，于是起梵宫，建僧居，永为金城之胜镜。"康熙五十四年扩建时，题额"慈恩寺"。但民间惯以"白塔寺"称呼此寺，后又改为"白塔寺"。

兰州空战

我经常驾车去白塔山远眺兰州城。登高望远时，山下一幢幢的现代建筑，早已替代了古时"河水浸城墙"的景象。一幅繁华的现代街景跃然眼前。漫步在白塔山公园内，不经意间，就会看到一座重檐六角亭。这座六角亭被称为"兰州空战纪念亭"。

六角亭亭内竖有一块"兰州空战纪念碑"。这块纪念碑，是由伟大的无产阶级革命家、政治家陈云题写的。这座亭位于白塔山东侧的朝阳台上，要从九州大道绕进去。走上纪念亭，要迈55级台阶，而这55级台阶纪念的是在"兰州空战"中殉难的55名中苏烈士。兰州空战纪念碑的背面不仅记载有抗战时期日本空军空袭兰州的罪行，同时还为我们讲述了一段尘封已久的故事。

▲ 兰州空战纪念亭

中国航空业的发展在清末新政时期就已经见到了苗头。在1903年莱特兄弟发明第一架飞机"飞行者一号"的6年后，由中国航空之父冯如设计制造的第一架飞机，就在美国落地了。又过了一年，1910年10月，俄国飞行员柯明斯基驾驶一架法国制造的布雷利奥11型飞机（Bleriot XI）飞抵中国，并在天安门不远处由东向西飞行。

辛亥革命前夕，清政府意识到航空业发展的重要性。1910年，清政府委任两名留日归来的工程师制造属于中国的第一架飞机。飞机于1911年4月制造完成，不幸的是，因为技术问题，这架飞机在升空不久便坠毁了。1918年，北洋政府在福建设立了海军飞机工程处，这也是中国第一个正规的飞机制造厂。

1923年，苏联代表在上海会见孙中山，商定在苏联教官的指导下使用苏联飞机建立一支全新的中国空军力量。

1931年，日本发动"九·一八"事变，1932年的1月28日午夜，日本海军陆战队又袭击了上海京沪铁路火车站，这件事在历史上被称为"一·二八"事变，这次事变中，日本空军轰炸了笕桥、南京、苏州、龙华等江浙沪一代的机场。自此，中国和日本之间的空中战斗一直持续到"二战"结束。

在战争全面爆发后，兰州便成为西北国际交通线上的枢纽，是抗日救国中坚挺的后方力量。1937年8月21日《中苏互不侵犯条约》签订后，苏联援助中国的军用物资大都通过霍尔果斯进入中国，穿越河西走廊后到达兰州再进行集散。所以这一时期，"甘肃省防空司令部"在兰州成立，形成了以兰州为中心的全省防空网；并且国民政府又在兰州设立了中国空军第四路司令部，统一协调和指挥西北地区的防空作战。在1937年的10月，苏联志愿航空队也抵达兰州，参与者在100人次以上。当时的拱星墩机场已经成为西北地区最大的空军训练基地。此外，在兰州还设有空军第七站，下辖兰州及兰州周边的5个军用机场。所以对抗战的后方力量和当时中国的空军力量的打击，是日本侵略者的首要目标。

1937年的11月5日，日军的七架轰炸机首次空袭兰州。直到1942年的8月31日，兰州都在持续遭受日军的轰炸。这段历史在介绍五泉山中的"猛醒亭"时已经讲述过。

1937年底，南京陷落。1938年春，在日军结束惨绝人寰的"南京大屠杀"暴行后，他们又一次发起了对兰州的大规模空袭。这次突袭始于1938年1月21日，共有5架日机出动，被中苏空军拦截在兰州东部上空。2月20日，日军加大了空袭力度，共出动18架日机，使得兰州死伤145人。不过，驻守兰州的中国空军在本次战斗中击落了9架日机，取得了"兰州空战"的第一次胜利。2月23日，日军继续加大空袭力度，共出动36架飞机，致使兰州再次死伤超140人。但这一次，日军又有9架飞机被击落。

1939年，日军相继占领武汉和广州后，轰炸重庆就成为他们重要的军事行动之一，同时包括兰州在内的许多后方城市也依然是他们的轰炸目标。1939年2月5日，日军再次空袭兰州。当时的山西运城机场已被日本占领，驻守兰州的空军尾随完成任务的日军飞机，在运城机场内炸毁了日机40余架，这成为中国空战历史上辉煌的一页，给日军在华北的空军力量造成了重创。但这次胜利也导致日军对兰州的报复性轰炸，2月9日—2月23日，日军对兰州的平民区和居住区展开了大规模的轰炸，唐代普照寺被炸毁就是在这一时间段。直到1941年，日军还在轰炸兰州，但中苏的空军力量也在空中和地面不断进行着反击。当年6月30日，邓宝珊的妻子崔锦琴及其子女在空战中遇难，被埋葬在兰州的"邓家花园"中。关于这段故事，下一章我们接着讲。

伍

我在兰州

龙的孩子

当代·沐泽川

我家住在大河边

但凡是最热时

人们都会去河边吹吹凉风

河水很浑浊

可是凉风却很清新

原来大河是从雪山而来

虽然她不那么漂亮

但是她却高贵而纯洁

我家住在大河边

河边有很多大水车转个不停

原来这里的水车曾位居世界之最

号称"水车之都"

时间久了,这些水车少了

慢慢的我们都忘了她曾经的辉煌

我家住在大河边

跨过这条河

就是去往远方的征途

这里是通往西域的入口

这里是丝路的纽带

民族荟萃，四海交融

我家住在大河边

人人都知道这条河的名字

人人都敬畏她的迅猛

她西来东去冲垮昆仑

她咆哮万里触及龙门

可是在家里她平静地流淌

滋养着我们

我家住在大河边

只有你靠得足够近

才能听到她的声音

她把最温柔的一面留给了我们

人们说她是母亲

人们说她是巨龙

原来母亲是巨龙

那我就是龙的孩子

● ● ●

我是一个不拘泥于家中的人，但我也不是一个对未知具有无限探索精神的人。大学毕业以后我有大约三分之一的时间没有安静地待在兰州。起初我是想去看看没看过的风景，见见不一样的城市。说得通俗点就是我喜欢旅游。但随后我慢慢发现，打卡式的旅游已经成为现代人的一种常态，而"学习"却成了一种快餐式的消遣——而我认为旅游是学习中重要的组成部分。

　　旅游带给我的只是"看"和"听"，我却常常忽略了"思考"。这一点很重要，我对于知识只是了解、知道，却少了融会贯通。随后，我将旅游调整为了旅行。

　　我每次离开家的时间不等，有时是半个月，有时1个月，有时3个月，最长的一次大概接近5个月，去了很多地方。我去了成都的杜甫草堂、重庆的武隆天坑，看了乐山的大佛，也逛过眉山的三苏祠。我去了西昌的螺髻山瀑布温泉，看了绝美的泸沽湖，往返丽江和大理3次、西双版纳也去了3次，去了1次腾冲的国殇园，在腾冲界头观景台上住了一周，拉萨去了2次。我自驾了青藏线和川藏线，到过茶卡盐湖，去过年保玉则。我在德令哈会过朋友，在格尔木见到了昆仑山水厂。日月山、青海湖、龙羊峡、塔尔寺，因为离得近已经不记得去了多少次。我遇到过拦路的野生单峰骆驼，远望过悠闲的藏野驴、藏羚羊和普氏原羚。经过唐古拉山时，我在海拔5200米的地方睡了一晚，差点没命。我看了布达拉宫的雄伟，欣赏了羊卓雍措的妩媚，仰望过念青唐古拉山的巍峨，远眺过南迦巴瓦的壮美。我去了林芝，看了鲁朗林海，吃到了松茸石锅炖鸡，美中不足是还没有到过墨脱。

我见到了湛蓝色的尼洋河，穿越了雅鲁藏布大峡谷。西岭雪山从我肩头划过，稻城亚丁这片净土也留下了我的足迹。在香格里拉的松赞林寺，我带了佛珠回来；在沿线美丽的山林里，我采到了从未吃过的珊瑚菇，简直是美味无比，高山杜鹃和怒江峡谷的半山上坐落着的村庄都让我心醉。

我由西向东，去看了桂林山水、马岭河大峡谷、黄果树瀑布和千户苗寨。我乘轮渡去了海南，绕岛一周，吃了正宗的椰子鸡，海边游玩的螃蟹也成了我的盘中餐；所有的饮品都变成了椰子，所有的风景尽收眼底……

说不完了，因为去的地方太多，很多细节我也记不清了。只觉得中国之大，在某种程度上真的是无穷大也。这些经历给了我很多启示，也打消了我去国外游玩的想法。

还有很多地方，如新疆、内蒙的大部分地区，福建、广东、河南和安徽的旅程，被我排在了将来。

起初，我有一个旅伴，那就是我的爷爷。在他89岁那年和91岁那年，他都曾坐在我的副驾，成为我的"押车员"。有一次因为工作上的事情，我急于回兰州，20多个小时，他陪着我一路回到了兰州，中间我在服务区休息时，他甚至眼睛都没有闭，我真是佩服他。

爷爷跟我一起出行了大概三次，三次的出行时间加起来不到半年。他见证了我的第一次出国——我们在广西防城港的东兴口岸越过了国境线，办了一本一日游的跨境游通行证，在越南的芒街溜达了一天。虽然这是我第一次离开中国，但却是爷爷的第二次。

爷爷14岁时丧父，母亲改嫁后，他就参了军。朝鲜战争期间，爷爷随着部队越过了鸭绿江，参加了抗美援朝战争。他是一名通信兵，每天往返于各个连队之间传递信息。这些事情他只对我讲过一次。抗美援朝结束后，他在北京的机关单位开车；之后来支援大西北，又带着我奶奶和大姑一起来到了兰州，被分配到了兰州饭店的车辆科。

▲ 兰州饭店

兰州饭店和农民巷

我爸说农民巷在他儿时是菜地,兰州饭店家属院的职工都在那里种地,我家也曾在那里有一片地。兰州土话把"巷"念作"hàng",大家都是说农民巷(hàng)。农民巷在20世纪90年代时有很多卖菜的,是个菜市场,路旁有很多铁制的卖菜摊位柜子,上面有顶,我们小时候经常在这些柜子里捉迷藏。晚上,还可以捡到一些捆扎箱子的扎带,这种扎带到现在还没有被淘汰。我们拿打火机点着一头,另一头拎在手里到处追着跑。我的右手背上至今还留着一个被熔化的扎带烫出来的疤痕。

农民巷的中间是西北宾馆的南门,小时候我经常去西北宾馆的院子里爬假山,或是在兰州饭店花园里的紫藤上荡秋千。兰州饭店的大楼是在中苏友好时期建起来的,属于前苏联式设计风格,样式独特,如今也应该算是文物保护建筑了吧。从正门进去,右手边的花园后有一棵粗壮的桑树,每逢春天树上就会落下无数的桑葚,麻雀和人们都在树下捡拾——总归买来的是没有这么香甜的。花园里以前有一大片核桃林,长出来的核桃薄皮油香,只是我上高中时这片核桃林似乎就不见了。兰州饭店有两个花园，核桃树和紫藤都在东花园里，里面也有假山，我甚至见到过水池里面养着观赏的金鱼。

而西花园的正中间有个凉亭，亭子周边种满了牡丹，五月份开放，之后结果。果子是黑色的、像豆子一样，我很喜欢，经常揣在口袋里。西花园的旁边是锅炉房，每到冬天这边的井盖各个都会冒出热气，孩子们都爱的不得了。我们小时候正值《西游记》和《新白娘子传奇》热播，伙伴们会扮成各种仙人的角色，站在热气里，犹如仙境。不过那个热气总是有些臭味。锅炉房前面是个垃圾场，那里总是堆着建筑用的沙子，我们就在上面掏洞，挖地道。小时候有很多乐趣，也很简单。如今能让成年人感到真正快乐的东西少之又少。

兰州饭店后门就是农民巷，而靠近后门的院子里还有一个小院。这个小院是民族餐厅和二餐厅共用的。院子门前种着两颗香椿树，春天时，就有人爬上去采摘香椿。香椿树下总是拴着一条大狼狗，大狼狗的脚底下经常有香椿树上掉下来的大胖红虫子。我喜欢动物，但很害怕虫子，甚至我看到蠕动的蚕蛹都会浑身难受。我从小就喜欢跟哺乳动物和鸟类亲近，在动物园看老虎时，甚至想把手伸进笼子里摸摸老虎的头。那条狼狗很乖，想来它的品种应该是我们现在说的德牧。不知道是谁训练的，它能听懂口令，让它坐它就会坐，让它握手它就会握手。不过这里的狗中途被换过，但前一只狗会的，下一只狗也会。所以我曾经以为所有的狗都天生就会听口令。

如果说兰州是我的家乡，黄河水养育了我，那么兰州饭店就是庇佑我童年的净土，我们一大家子人，都依靠着兰州饭店过着日子。不仅我爷爷在兰州饭店工作，外公也一样，两家人从同事结为亲家。我能来到这个世界，完全是托了兰州饭店的福。它就像是一个奶娘，养育了我们一大家子人。

▲ 年幼时，我在兰州饭店后院内堆雪人

兰州饭店前门的客房大楼现在看着和现代化的城市有些格格不入，带着一些怀旧的质感。兰州饭店是在1953年建成的，它是公私合营时代的产物。

20世纪90年代，兰州饭店中楼两侧栽种的两棵合欢树由于遮挡了客房光线而被砍了。这使我难过了很久，因为我非常喜欢这两棵树。花季，兰州饭店的前院满是粉色的合欢花，落在地上的、长在树上的。这可能就是我小时候的浪漫主义情结吧。

我妈单位有位厨师叔叔，我也想不起来他姓什么了，只记得他长得胖乎乎的，总是喜欢拿我逗乐，有时候把我逗急了，大人们就会在一起笑。时光荏苒，岁月如梭。30年过去了，我妈和我爸的头发都已经花白了。

甘肃省人民医院

写到这时，我妈正在甘肃省人民医院住院，她因为血糖问题导致青光眼眼压过大，需要安装一个引流阀，我爸在医院陪她——她在住院前没有告诉我。我平常只要在兰州，大概两天就会回家探望他们一次。写这一部分的前一天，在进我家地库的前一秒钟，我突然觉得应该回去看看，就一打方向盘，直接向家里开去。回去看到他们不在，觉得有点奇怪，就给我爸打了个电话，这才知道我妈原来已经住进医院一天了。去医院了解了下情况，确认没啥紧急问题，我才放下心来。

话说回来，我就出生在甘肃省人民医院。听我妈说我出生时，我爸高兴的不管不顾，直接回去给我奶奶报喜，把我妈一个人丢在了医院里，虽然甘肃省人民医院距离兰州饭店并不远，但我妈可能心里对我爸是埋怨的吧。我生下来时是9.4斤（4.7千克），个头算是比较大的了。因为体型太大，我妈的同事一度以为她怀的是双胞胎。我妈说，我出生时满身毛发，头发抓起来就是一朵喇叭花，脸上也长满了汗毛，吓得她跟我爸以为我身上出现了返祖现象。因为我爸爸的同学胖子叔叔夫妻二人和常叔叔夫妻二人都在省人民医院工作，我妈妈以前也有个同事的弟弟在这里工作,加上这所医院离家很近,所以但凡是需要住院、看病时,我爸妈都更愿意来省医就诊。我妈经常说,因为我体重过大,医院给孩子们准备的奶粉,我都要喝的比别人多些,其他科室的护士阿姨们都经常过来参观我这个满身是毛的孩子。

胖子叔叔、胡伯伯、常叔叔、蔡阿姨、达阿姨、王阿姨、张叔叔、杜阿姨……还有很多我也叫不出名字的、我爸爸的同学和好朋友们,他们几乎出现在我一大半的童年时光里。每逢周末,他们就要相约外出游玩,轮番做东请客吃饭。因此,我也成了兴隆山、芳草园、五泉山上茶水摊位的常客。

而据我所知,胖子叔叔的爸爸跟我爷爷也是老乡和战友,还似乎是一起来的兰州。如今这些老人多数都已经过世。2023年2月我爷爷也因新冠肺炎离世。

我对外婆和外公的具体样貌是没有印象的。我妈不到20岁时,外婆就去世了。我妈生下我后不到半年,外公也离开人世。我7岁时奶奶离世。所以我对他们的认知几乎都停留在照片上。老一代人为了家庭,为了子女,也为了新中国的建设,付出了很多。我无法想象一个有五六个孩子的家庭,每月下旬就要断粮的困境;也无法想象这一代人在新中国建设中做出的牺牲。无论是医疗条件、健康知识,他们远没有现代人拥有的这么多。五六十岁,甚至有些都还没有熬到退休,就匆匆的离开了人世。我的祖辈走时,都是省医送的他们最后一程。这就是我为什么要专门讲一下这所医院。因为切割不开,也因为它就是我们家每个人生命中必经的一站。

五里铺和东部

上初中时，我家搬到了兰新市场的大西洋城的住宅楼里，对面就是甘肃省中医学院。兰新市场就是大家熟悉的瑞德摩尔。前几天我大姑来兰州，让我带着她去兰新市场的"爱琴海"买点小玩意。我对这个市场也有十年的记忆。

刚搬进来的时候，万国港那里，也就是王府井商场那块，是一大片空地。我上初二时，约莫是2001年左右，58路公共汽车还在这里调度。这里有很多的商铺，大都是来这边做生意的南方老板。他们主营的是家电和小商品，现在这个市场都还在。老年人对智能手机的使用没有那么得心应手，所以还是会坚持来这里购买需要的产品。

五里铺十字向东两三百米就是"东部市场"了。东部市场的建设应当是随着改革开放而发展起来的，算是综合性的批发市场。甘肃、青海、宁夏各个品牌的批发商都汇聚在这个市场里，这里也就成了周边城市商品输送的集散中心。这里不仅可以批发衣服鞋子，还可以买到各种日用百货、茶叶糖酒。在网络还不发达的时代，这里简直就是西北地区的宝藏市场，能买到很多大家需要的必备品。特别是到了过年时，我妈都会带着我来这个市场挑选新衣服。

双城门

以前兰州市有很多的地摊夜市,比较知名的在建兰路、永昌路和皋兰路。2010年我刚回兰州时,还在位于永昌路的双城门十字上跟我表哥摆过三个月的地摊卖鞋。三个月,我们两个人共收入8000元,在十几年前这个收入基本和上班持平。我2008年刚参加工作时,月薪只有800元。放到现在,800元好像下几次馆子就花完了。当时我的好朋友窦甜[①]也出了不少力。

"双城门"并不能算是兰州老城的正规城门。只是抗战时期为了在听到日军空袭警报后能够快速疏散人群,而在城墙上临时开出来的两个门洞。故而这里称为"双城门"。

摆地摊也是大有学问的,固定的摊位作为一种经营资源,已经被牢牢的掌握在先来的摊位老板手里,有些摊位甚至被当作商品转让、出租。这类摊位对于我们这种新手小白而言其实是很难租到的。我们每次都会提前去永昌路口,就是和庆阳路交界的路口那里。庆阳路是

---

① 为避免给文中提及的好友带来困扰,本书中人名多为化名。——作者注

严管街，不允许摊位越出永昌路，所以我们就游离在十字路口的"灰色地带"。

其实这也不算是我第一次摆地摊了。高中毕业那一年，我和我的好朋友张正熙在东部市场批发了十几件八九元一件的T恤衫，我把T恤的领口都剪成开襟，然后用布条做成绑绳，在兰州剧院门口摆地摊，谁知最后一件都没卖出去。写到这里我都忍俊不禁了，年轻时真是够异想天开的。

中央广场和张掖路

兰州剧院的旁边就是张掖路了，这条路从西关十字一直通到中央广场。说起中央广场，现在兰州的很多青少年恐怕都不熟悉这个名字了。

中央广场是明朝肃王府的朝房午门，也就是文武官员朝见肃王时等候的场所。五泉山山门前的两尊大石狮子当初就摆在这里，还有四根大旗杆。

清朝时，王府被改为总督衙门，大门南边朝房午门变成了辕门。老百姓是不能侧足此处的。

辛亥革命爆发后，清朝不复存在，上千年的封建统治就此结束。民国十五年，西北军入甘，这里变成了一个演讲台。1946年，为改良社会风气，提醒人们不要随意迟到，时任兰州市市长的孙汝楠在此建造四面钟一座，上刻"遵守时间、爱惜时间、利用时间、把握时间"。周围铺设花坛，内设有喷泉，这就是兰州市的第一座街心花园。新中国成立后，这里逐渐演变为一个交通环岛。

兰州的张掖路如今是一条不能通车的步行街，这条街兰州人都熟悉的不能再熟悉了,在我的印象里,20世纪90年代这里还能通车。张掖路小学位于省政府(明肃王府)斜对面,现今它的正门回退了不少,这是因为建步行街时,这里为了市政规划后撤了一大片。以前张掖路小学正门的正对面就是新华书店,我妈妈的一个同学就在书店上班。我忘记了那个阿姨的名字,但是在我四年级左右时我妈妈委托她给我买了一整套的《百科全书》,一共四册,现在还在我家里放着。当年我妈花了99元,颇费周章。我如此珍惜这套书,不是因为书里的内容对我有多重要,而是想让自己时刻记得知识的昂贵和来之不易——那时候我妈的工资也就一两百元,买这套书花了她大半个月的工资。

▲ 甘肃省人民政府(原肃王府)

张掖路的历史可以追溯到北宋，元、明、清和民国时期均有拓建，1942年，最初这里被命名为中华路，1958年定名为张掖路。它的繁华持续了上千年，直到今天，依旧人流如织，熙来攘往。清朝时的"兰州鼓楼"就位于张掖路上城隍庙正门附近。鼓楼西侧是西大街，东侧是侯府街、西栅子、东栅子和东大街。张掖路的西边如今是亚欧商厦。亚欧商厦的南侧为明朝城池的永宁门，取永保安宁之意。道光十三年（1833年），陕甘总督杨遇春重修城墙，城门更名"镇远门"，与"镇远桥"同名。

镇远门被老百姓称为"西门"，城墙上四层城楼，重檐歇山顶，六开间，恢弘无比，虎视四方；加上"镇远"二字，彰显出清朝早期开疆拓土的雄心。1954年镇远门被拆除。

民国时期，围绕张掖路的古建筑密集，有镇远门、庄严寺、城隍庙、鼓楼、文庙、辕门、普照寺、来煦门（东大成门）等。

张掖路如今贯通着中山路、永昌路、大众巷、木塔巷、陇西路、通渭路、箭道巷等商业街，无比繁荣。尤其是在夜幕下，车水马龙，灯火通明。这里的繁华，始于一千多年前的北宋时期。而一千多年后的今天，走在这座由钢筋混凝土构建的城市中，我依旧能感受到其厚重的历史气息，似乎也能听到鼓楼报时的鼓声；能通过依稀残留的明肃王府和城隍庙，还能感受到中国古代庄严的政治气息和繁荣的市井民生。

敦煌艺术馆

在我心中，兰州有四处"必打卡地"，集中在我们之前讲过的"平沙落雁"的所在地——大教梁。这个地名现在虽然只作为一个简单的公交站名存在，却见证着兰州城古老的历史。它出现在明洪武初年，在此地东面建设有"东教场"，所谓东教场，就是明朝肃王为操练兵马而开拓的一片场地，大概位置在如今的兰州军区大院。因这里位于东教场的西边，地形高且成梁，故而有了大教梁之名。这个地名沿用了近600年的时间。

除了"平沙落雁"的雕塑群，这附近还有敦煌艺术馆、读者博物馆、水车博览园、邓家花园这四个游览地不能错过。

先说敦煌艺术馆吧。敦煌艺术馆在2008年建立于敦煌研究院的办公区域内。如果你没有时间去敦煌，或者想提前浏览中国西北戈壁滩上的艺术宝库，那不妨赶中午十一点先来这里看看，每天这个时间这里有一场关于敦煌石窟和壁画内容的讲解，一个小时左右而且是免费的。我去过几次，因此发现负责讲解的工作人员是轮值上岗的，每个人讲解的内容都略有不同。所以如果时间充裕的话，也不妨多去几次，绝对收获颇丰。

▲ 敦煌艺术馆标志

▲ 每日的免费讲解，总会有很多观众前来捧场

敦煌艺术馆占地接近两千平方米，一进门就能看到一个在播放敦煌石窟宣传片的大屏幕，这个宣传片在敦煌可是要花"银子"才能看到的。

讲解是从一进门右手边的墙壁上开始的。跟随张骞出使西域的足迹，沿着丝绸之路一路走下去。你会发现自己已经被逐渐带入一个美轮美奂的敦煌艺术宝库。

你会看到金光照在千佛洞上呈现出来的苍茫壮景；你会看到敦煌石窟里色彩斑斓、各式各样的藻井图纹；你会看到小时候熟悉的《九色鹿》动画片里最原始的创作母本；你会看到莫高窟里最大的佛教史籍图《五台山图》；你会看到盛唐壁画《都督夫人太原王氏礼佛图》里唐朝贵妇的装扮；你会看到久远的、古代王朝贵族们的生活起居；你会看到各式各样的飞天乐舞散花腾云；你会看到古人对佛国世界的无穷想象；你会看到根据敦煌壁画还原的古代乐器；你会看到我们已经很难看到的中国古代建筑……

建筑、泥塑、绘画、宗教、社会、历史、人文等各式各样的艺术元素，都呈现在你的眼前。敦煌艺术馆呈现出来的是更加鲜艳的敦煌，更加原始的敦煌。这里的敦煌是古人希望我们看到的敦煌，这里没有经历时间的蚕食，少了几分岁月的积淀。出于保护的原因我们不能在莫高窟看到的很多艺术珍品，在这里，都可以参详。

除了艺术，在这里还可以了解到敦煌的历史。我们可以知晓从道士王圆箓发现藏经洞的那一刻开始，莫高窟所遭受的人为破坏；可以了解国家羸弱时，国宝是如何流向海外的；可以知道列强们抢劫文物时贪婪的嘴脸；可以明白"敦煌遗书"承载了多少中国古人的思想；可以看到俄国十月革命残匪对莫高窟造成的破坏；可以看到国际史学界对敦煌文物如数家珍的热情……

大河两岸　岁月兰州

▲ 敦煌艺术馆内复原的石窟

当然，你同样可以看到一代一代的敦煌人，在保护敦煌文化的艰辛岁月中是如何守一不移，将一生奉献给敦煌的。

　　除了听讲解，其实细看下来，你是可以在敦煌艺术馆里待上一天的。因为这里还向你呈现了敦煌石窟的建造技术、制作工序、泥塑工艺、绘画颜料，甚至花纹样式代表的意义。而且你还可以完整地看到一整个复刻出来的敦煌特窟……

　　这里的敦煌壁画和塑像都是通过数字化高保真技术呈现出来的，甚至可以三维立体式参观。我上次去时，他们把壁画上的飞天乐舞以动态动画形式呈现了出来。壁画人物如同活了一般，从壁画上飞入舞台中央，消失千年的胡旋舞真是精彩绝伦。

　　十二点左右，这里的讲解就结束了。如果不想参观了，我们可以

去吃碗牛肉面。沿着南滨河路向西走200米,再向南走200米左右,有一家我经常光顾的牛肉面馆——东方宫牛肉面的连锁分店。找不到的朋友可以搜索"邓家花园"的大门,旁边就是。说不定哪天你在这条路真能遇见我。牛肉面推荐"肉蛋双飞",再加两个小菜。牛腱子肉偏瘦,我一般喜欢吃普通牛肉,稍肥一点,软烂可口。

▼ 敦煌艺术馆馆内一隅

邓家花园

吃完牛肉面，可以在这旁边先逗留一会儿，因为读者博物馆14：30才上班，去早了只能等着。如果先去水车博览园，往返还要走点冤枉路，所以我们不如利用这点时间来了解了解一位故人。虽然他不认识我，可是我必须认识他。

2022年的4月份，我连发了三条关于邓家花园的视频，引起了邓家花园展览馆的注意，随后便收到了一份来自邓园馆长的珍贵礼物，《邓宝珊——纪念邓宝珊诞辰120周年》一书。这本书是由中共党史出版社出版的，2015年总计才印发了2000册，我能获此珍本，真是幸运。

对于邓家花园，兰州人大都不陌生。但说到这处园子，我们要先提到一个人——杨虎城。

邓宝珊的爱国之情，和他为中华民族所做的贡献，与这位爱国名将一样名垂青史。

1931年，"九·一八"事变，日本人侵占领了中国东北地区。为转移国际视线，日本在上海挑起事端，引发了1932年的"一·二八"事变，中方三次击退日军。注意不要把这次事件跟1937年的

"八·一三"淞沪会战混淆。当时国民政府制定了在洛阳建立"行都",在西安建立"陪都"的计划,邓宝珊任陪都委员。但由于"一·二八"事变后日本侵华计划暂时停止,威胁解除这一计划并未实施。之后,邓宝珊又因负责调停甘肃地区各军阀之间的争斗,被调任为"西安绥靖公署驻甘肃行署主任"。由此邓宝珊由西安进驻兰州,并调停陕军、川军、甘肃地方势力和青海军阀势力之间的火拼,使得甘肃凋敝的民生得以恢复。

邓宝珊的夫人崔锦琴出资购得"韩家花园"及其毗邻土地40亩,成了邓宝珊的私园。

邓家花园所在地最早是兰州的"农坛",是明清以来兰州的地方官员祭祀先农的场所,跟"雷坛河"的"雷坛"是一个性质。甘肃在清朝是"协饷"的省份——就是需要户部调拨富庶省份的钱粮,用以补足当地财政的省份。民国时期,甘肃没有了"协饷"。1922年,甘肃督军张广建变卖了一些甘肃的官产,其中就包括"农坛"。他的下属韩仰鲁出资1000银元购置农坛,建"仰园",也称"韩家花园"。

在邓宝珊获得韩家花园后,其妻崔锦琴将花园里的景观重新修缮。池塘荷花、凉亭假山,错落有致。邓家花园里的盆栽尤为出名,兰花、腊梅、玉兰、桂花、石榴、棕榈等竟达上千盆。在这本书的序言里我提到过的"芳草园",也就是现今的"金城盆景公园",距离邓家花园并不远。

1935年,工农红军即将完成长征,经甘肃进入陕甘边革命根据地。长征路上艰难险阻,在国民政府全力围追堵截红军的大背景下,唯独邓宝珊"怠忽职守"，消极对待国民政府的命令。在他的授意下，静宁、会宁等多个县城的守军在红军经过时都退回城内，使得红军在城外绕过前行，而隆德县的骑兵连更是与红军一接触就撤回城内。红军攻占县城后，守军又迅速东撤，并未发生激烈战斗。红军由岷县进入甘肃时，也未与新一军发生战斗。

1936年，红四方面军派代表在兰州与邓宝珊接触，商谈建立抗日民族统一战线事宜。邓宝珊当即表示：国难当头，我中华民众应竭尽全力同仇敌忾，驱除敌寇。他还表示红军经过西兰大道时，自己绝不做戕杀同胞的祸首。

1936年12月12日西安事变后，邓宝珊受杨虎城之托，三次去往南京，劝说蒋介石同意杨虎城出国的请求，对此杨虎城十分感激。1937年6月29日，邓宝珊在上海码头送行杨虎城。

全面抗战爆发后，邓宝珊积极参与抗日救亡运动。他团结各方力量，多次奔赴榆林，协调抗战事宜，并竭力支持八路军驻兰办事处的抗战工作。1938年5月路过延安时，他受到了延安的热烈欢迎，并与毛泽东会面。邓宝珊在任晋陕绥边区总司令时，对国民政府的反共思想反应消极，致力于团结一切抗日力量积极对外，并与八路军一直保持着友好关系。

1939年，邓宝珊二女儿邓友梅进入"陕北公学"学习，并加入中国共产党。

1941年6月30日，兰州遭日军又一轮空袭，邓宝珊的夫人崔锦琴及二子一女在空袭中遇难，亡于日军之手。

以下是1944年12月22日毛泽东致邓宝珊函的内容。

宝珊先生吾兄左右：

去年时局转换，先生尽了大力，我们不会忘记。八年抗战，先生支撑北线，保护边区，为德之大，更不敢忘。去秋晤叙，又一年了，时局走得很快，整个国际国内形势都改变了。许多要说的话，均托绍庭兄专程面达。总之，只有人民的联合力量，才能战胜外寇，复兴中国，舍此再无他路。如果要对八年抗战做一简单总结，这几句话，鄙意以为较适当，未知先生以为然否？何时获得晤叙机会，不胜企望之至。

专肃，敬祝健康！

毛泽东上
十二月十二日

抗日战争胜利前夕，邓宝珊被选为国民政府中央执行委员。他在重庆召开的军事会议中反对扩大内战。1945年10月25日，邓宝珊所率新十一旅第一团2000多人在安边起义，向八路军投诚。

1948年底，北平和平解放谈判开启。由于平津战役的打响，傅作义感受到局势的压力，将邓宝珊接到北平，进行斡旋。当时北平已成孤城，邓宝珊的到来，使得谈判双方都看到了和平的曙光。1949年1月15日天津解放之时，邓宝珊与解放军代表会面，就具体条件进行了谈判。1月22日上午10时，傅作义向媒体宣布《北平和平解放协议》；24日，《新民报》发表了《傅将军的一把钥匙——和平将军邓宝珊》。

22日，傅作义、邓宝珊在西柏坡会见了毛泽东和周恩来。周恩来对邓宝珊说："邓先生，我们是长期合作的老朋友，现在你回到'娘家'了。"邓宝珊回道："我这次为北平和平解放做了一点事，也算尽了我一点绵薄之力，就算我回'娘家'的见面礼吧。"

"和平将军"的称号，邓宝珊问之无愧。无论是协调军阀内斗，还是坚决拥护抗日民族统一战线，又或是北平的和平解放，他永远站在人民的一边，永远站在正义与和平的一边。1949年10月1日，邓宝珊参加了开国大典。1955年，贺龙代表毛泽东主席授予邓宝珊一级解放勋章。

1950年10月1日，甘肃省第一届各界人民代表会议在兰州举行，邓宝珊被推举为甘肃省人民政府主席。他在任期间积极推动甘肃省土地改革，解放农村生产力。解放初期，甘肃省民族矛盾尖锐。邓宝珊多方劝导，希望大家共同学习，团结向上，瓦解了内部的反动势力。"一五"计划期间，邓宝珊推动甘肃省工业建设，兴建矿业、制造业，为甘肃工业建设奠定了基础。

三年困难时期，邓宝珊痛心于甘肃人民的吃饭问题，将一份油渣和榆树皮粉混合而成的食物寄给了毛泽东主席。因为他的积极奔走，中央从陕西、宁夏、四川等地调拨了粮食支援甘肃。

在1964年甘肃省第三届人民代表大会第一次会议上，邓宝珊当选为甘肃省省长。

1966年，周恩来总理命人将邓宝珊接到北京，他人生的最后两年是在北京度过的。1968年11月27日，邓将军与世长辞，享年74岁。

邓将军的家乡是甘肃天水，所以在天水南郭寺森林公园中有一座"邓宝珊将军纪念亭"，这是1994年他诞辰100周年时落成的。

一九四二年在榆林

现代·邓宝珊

秋风到边关，新凉扑人面。
把酒唱骊歌，目送南归雁。
志切复国仇，勒马趋前线。
挥戈捣黄龙，莫负男儿愿。

1942年，时任晋陕绥边区总司令的邓宝珊在抗战最艰苦的岁月中写下了这首诗。一个爱好和平的人，却怀揣着坚定的报国志愿。国仇家恨面前，他义无反顾地纵马向前。

岁月匆匆，旧事难追。现坐落于广武后街4号的邓家花园埋葬着邓宝珊的妻儿，1941年门额改为"慈爱园"。新中国成立后，慈爱园成为邓宝珊办公及居住的地方。1958年，他把花园献给了政府。1960年，此园又被退回给邓宝珊。"文革"初期，该园由兰州市园林局接管，后归省委办公厅管理。"文革"结束后，政府又将"慈爱园"退回给邓宝珊的子女。1982年，其子女又一次将花园献给国家，1985年门额题字"邓园"。2011年全面改造后，邓家花园成为甘肃省重要的爱国主义教育基地。

▲ 邓家花园正门

▲ 邓家花园内邓宝珊妻儿坟茔

▲ 邓家花园内展馆

▲ 邓宝珊展馆一隅

水车博览园中的"兰州握桥"

出了邓园,沿着来路向黄河边走去,就能抵达"平沙落雁"。

平沙落雁的北面,靠近黄河的地方就是"兰州水车博览园"的正门了。刚建成时,这里还收了一段时间的门票,现在已经是一处免费的公园了。

在门口,可以看到非常吸引人的黄河水车景观,正门的广场上有很多的鸽子。而正中间端立着的就是在兰州水车制造史上起到关键作用的一个重要人物——段续的塑像。

先不说水车,进门后沿着右边走,就会看到一座造型奇特且古朴典雅的横卧在南河道上的一架木拱桥——兰州握桥。

兰州握桥,又名兰州卧桥,唐代初建,明清两朝数次重修。据《皋兰县志》记载:"袖川门西二百步,当阿干河口架木横空,东西十余丈,其下无柱。高可三丈"。也就是说这座桥起初是架在阿干河河口的,位置就在今天的兰州市工人文化宫旁边。阿干河就是雷坛河,发源于马衔山。因流经七里河区阿干镇,又名阿干河。也可以说这条河流的上半段叫阿干河,下半段叫雷坛河,以八里窑为节点。旧时,这条河沿河有数十座水磨，所以现在在兰州还能听到一个家喻户晓的名字——水磨沟。但游客往往会只闻其名，不见其址，因为雷坛河就是水磨沟。

▲ 兰州水车博览园内重建的兰州握桥

在茅以升的《中国古桥技术史》中，评价卧桥为"伸臂木梁桥的一个代表"。相传此桥型源于吐谷浑，跟白塔山的白塔一样，证明了历史上的兰州是多民族融合的聚居地，各民族的文化交流的格外兴盛。此桥颇具特色，四层挑梁铺就桥面，桥面上有桥屋，桥台上有楼阁。承重力学运用之巧妙，堪称桥梁史上的一个特色代表。曾有人为其赋诗：

水涨桃花淡淡红，流源曾说上天通。

泛槎（chá）客到应误认，牛女星河架彩虹。

此桥道光二十一年（1841年）毁于水患，光绪三十三年民间筹资重建，"造成弓形之握桥"，就像是握持的弓背一般，故有"握桥"之名。桥之东额"空中鳌背"，阴额"彩虹"；桥之西额"天上慈航"，阴额"新月"。

民国三十年（1941年）此桥再次复修，1952年扩建道路，握桥拆除，改为平桥通车。我们现在看到的西津桥就是以前"握桥"的所在地。

▲ 兰州市博物馆内的兰州握桥模型

虽然最初的"握桥"看不见了，但是在黄河水车博览园中依然能看到它的复制品，这是2005年政府重建的。不仅如此，兴隆山的古握桥还在，有机会可一定要去看看。当然五泉山中也有，找到惠泉，抬头一看就是。金城关上也有，远眺就能看到。在永登县红城镇也有一座握桥。所以不必因古握桥的拆除而失落，毕竟它还没有绝迹，我们还是能看到的。

黄河水乡的大水车

"黄河水乡",好像还没有人这样称呼过兰州。在我看来,兰州既不是"塞上江南",也不是"小香港""阿富汗",而是黄河上最负盛名的"黄河水乡"。它在彰显西北彪悍的同时,又不失小家碧玉的灵动,确实可以用"风为裳,水为佩"来形容。

从握桥向西走,一路可以看到一些铜塑,有兰州的传统曲艺形式"兰州鼓子",有卖热东果的街头小贩,甚至酿皮子和拉面都被还原了。有兴趣的朋友可以来这里"打卡"拍照。再往里走,就能看到黄河大水车了,非常显眼。

"水车文化"是兰州人依赖黄河生存的、不会被时间磨灭的记忆。

过去,水车有大有小,分布在兰州的黄河沿岸,无以计数——上至西固区的河口镇,下至榆中县的青城镇。兰州并不像很多人想象的如大漠戈壁一般,真正的兰州其实是离不开水的,从各种河滩到水车,从黄河到五泉。这座城市虽处在三大高原的交界处,却还有一个地理优势,那就是它处在祁连山余脉的河谷当中。得天独厚的条件,使得兰州更像是一座水乡。但我不想用江南来形容它。兰州有自己的风貌、自己的文化，多元化、多民族构成的人口结构，这一切，放在全国来看，都是独具特色的。

▲ 园内的水车

段续，祖籍山西，他是黄河大水车的奠基人。进到公园到门口的广场，就能看到他的雕像了。他是兰州段家台人（在东方红广场西口），明朝进士，其始祖段鸣鹤是明朝著名的理学家段坚的祖父，段续是段坚的侄重孙，随肃王迁兰，抵达兰州。

而现今的段家滩大抵是因清初段家后人在此开垦置地所得名。因第一辆水车建造在现今的宁卧庄宾馆一带（原段家湾）。后到清代直至民国，段氏后人不断向东开垦土地，途经原东湖广场（也就是现今的华利城），直至段家滩一带。肃王迁兰时，大批人口从江南各地迁徙而来，占当时兰州人口的十之七八。随着人口的迁徙，江南先进的生产技术也进入了兰州。

段续做过湖广参议,在湖北钟祥督修过显陵,看到当地竹制筒车,从低处提水到高处落田。又晚年赋闲家中,眼观兰州农田灌溉和百姓吃水问题,便对兰州原有的水车加以改造,利用北方所产的榆树、槐树、柳树制造出了有别于南方用竹子制造的水车。他参照《农书》和《天工开物》的机械图形,结合自己早年在南方游历时的所见,将兰州水车改进成为我们今天所见到的模样。

▲ 兰州水车博览园中的段续塑像

但经学者深入研究发现,我国最早的水车出现在东汉,《后汉书》中的"翻车"就是水车。三国时水车技术已进入成熟期,宋代时期水车的使用已经普及,元朝王祯的《农书》也对水车进行了详细的描述。

至于兰州水车更早的出现时间,现存的史书上并未见其相关记载。但有学者提出，五代十国期间，大食作家的《游记》中记载了张掖地区的"中国王城"，此城便是利用水车灌溉农田。再加上《元史》中的相关记载，可以推断出，沿黄河而建的兰州城使用水车的历史应早在五代之前，且很有可能水车的建造是集众人之智慧，随着时间的更迭，不停演化成今天的模样，并非一人之功。

大食，是唐朝以来中国对阿拉伯帝国的称谓。"大食"以前的读音好像是 dà yì，不过现在似乎改成 dà shí 了。就像月氏，本来一直读的 ròu zhī，现在又读 yuè zhī 了。类似的例子还有很多，一个读音，不知为何要变来变去的，真是让人疑惑。

抗战时期，也是黄河水车的鼎盛时期，黄河一线上至青海贵德，下至宁夏中卫，水车总计有350多架；不仅在黄河主干道上使用，在其支流上也广泛分布。

自段续始至清道光年间，黄河两岸争相利用水车灌溉，荒地变农田，戈壁变绿洲。

> 宗河行其中，夹岸皆人居，间以松篁（huáng），宛如荆楚。

这是北宋李远笔下《青唐录》中描述的黄河上游支流"湟水"两岸的情境。湟水，黄河上游重要的支流之一，发源于青海，在青海民和县汇入大通河，至甘肃永靖县盐锅峡汇入黄河。

两岸的松树竹园，令人仿佛身在南方楚国。这样的景色放在这西北荒凉之地，实属惬意。

兰州不仅是黄河之乡，更是全世界的"水车之都"。世界上除了兰州，还有一个"水车之邦"，在叙利亚。大马士革的玫瑰很有名吧，可是叙利亚还有一个城市，因水车而在全世界颇负盛名，它就是哈马。哈马是叙利亚的第四大城市，而水车就在流经这座城市的奥龙特斯河上。历史上哈马水车最多时，也就三十多架。这个数量也就是兰州1952年水车数量的八分之一。新中国成立之初，兰州水车有252架。

关于兰州的黄河水车，我推荐大家阅读兰州大学出版社出版的邓明老师所著《兰州民俗敬论》一书，其中列"兰州水车"一章，论述了兰州水车的前世今生。

如果你有空去参观黄河母亲塑像的话，去七里河区的水车园参观兰州水车也是可以的。这处兰州水车园是兰州市政府1993年修建的，而大教梁处的兰州水车博览园是2005年建成的。2006年，兰州水车的建造技艺被列入首批国家非物质文化遗产保护项目。

读者博物馆

从"平沙落雁"雕塑群顺着读者大道向东走100米左右，我们就来到了读者博物馆，进入需要实名登记，但无需购买门票。进了院门，向右手边走，下台阶就进入读者博物馆的内部了。注意别走错了，这是读者集团的总部大楼，其他地方还在正常办公。不必担心买不到读者集团的各种文创产品和纪念刊，在出口处就有一个文创商店。

众所周知，《读者》杂志是兰州的文化品牌之一；可"不被"众所周不知的是，《读者》的老母亲，是甘肃人民出版社。也许时间久了，大家都忘记了甘肃人民出版社，记忆里只有读者集团了。

《读者文摘》1981年4月创刊，比我的年纪都要大。第一次只印发了30000册，现在创刊号可是一本难求啊。

翻开第一本《读者文摘》，封面内页上写有十六个大字：

博采中外　荟萃精英　启迪思想　开拓眼界

我想这就是出版社创刊的初心吧。而《读者文摘》起初创刊，是借鉴了美国杂志 Reader's Digest（读者文摘），而这也引发了1922年创刊的美国杂志 Reader's Digest 与甘肃《读者文摘》近十年的版权纷争。最后甘肃《读者文摘》更名为《读者》。

▲ 读者博物馆

兰州是一个存在感并不高的城市，我一直不明白，为什么甘肃省总是被打上经济落后的标签。那么多的工矿企业，那么多前沿的国家级研究项目，那么深厚的历史人文底蕴……这一切带来的却是甘肃人口的大量外流？

很多人不理解，在兰州这样一个上世纪的重工业城市，为什么会出现《读者》这样出彩的文化产品？

《读者》的出圈并不是偶然，最重要的原因，是改革开放。改革开放带来的是整个社会对知识和文学的渴望，而很多人已经离开了校园，对文学的渴望导致人们开始追求心灵的慰藉。《读者》的问世刚好在这个节骨眼上，它就是一碗香浓的"鸡汤"。简单易懂的白话文学作品，受到了大众的喜爱。《读者》的定位，也是面向全国群众的。甘肃人口并不多，所以后来效仿《读者》创办的《甘肃妇女》《甘肃青年》等，并没有获得如《读者》一般的销量。

20世纪90年代，每百人中，至少有10人持有《读者》。迄今为止《读者》的月发行量长居全国第一，总计发行量突破了20亿册，无愧为最具影响力的综合类文化期刊。

走进读者博物馆，你看到的不仅是整个《读者》杂志的创刊历程，更能看到甘肃人民出版社的发展历史。由一本小小的文学杂志衍生出来的读者集团，如今就像是一个长大的孩子，成为甘肃各类出版物的大家长。

陆

旅行甘肃

关山月

唐·李白

明月出天山,苍茫云海间。
长风几万里,吹度玉门关。
汉下白登道,胡窥青海湾。
由来征战地,不见有人还。
戍客望边邑,思归多苦颜。
高楼当此夜,叹息未应闲。

"天山"是祁连山的别称，是甘肃、青海两省的界山。"关山月"说的并不是关山上的明月，而是"关隘""高山"和"明月"。这是对甘肃这个古代边疆省份最形象的描写。月出祁连云海间，长风万里戍边关。思归苦颜夜难眠，少小离家终不还。作为古代的边疆省份，苦寒、西凉、边关、戈壁……这些都成为甘肃的代名词。虽说这是甘肃的真实写照，但这也只是甘肃的一部份，让我们围绕着甘肃的省城兰州，来更深刻的认识认识甘肃。

初来兰州

做好来兰州的出行计划了吗？坐飞机或坐高铁直达都可以。当然自驾前来是最佳的选择。兰州不能单独存在于陇原大地上，所以让我们以兰州这个省会为中心，大致浏览下整个甘肃。

前一阵，有个朋友说要来甘肃，问我怎么规划路线。我以前从来都没有想过这个问题，一般都是想去哪就去哪，开上车就走，很少做规划，只有个大概的方向和最终的目标，至于路途中要路过哪些地方，很多时候都是随缘的。

对外省人来说，或者对大多数有时间出来旅游的人群，可能很多时候都要借着五一、十一，或者是春节的假期才能出来。既然时间紧张，确实应该好好规划规划。

前面提到过，兰州大致位于中国陆域版图的中心，从东南西北几个方向进甘肃最终都能抵达兰州，毕竟这里有儿时课本里的黄河母亲，也应该来看看。你也能在甘肃的省会城市里更全面、快速地了解甘肃的概况。

规划初次来甘肃的路线，必然要进入兰州城区，那么第一站我们可以选择在西安落地。

看到这里你是不是有点蒙，没搞错吧？我是去甘肃玩，你给我指了个旁边陕西？让我来给你好好理一理。

甘肃很长，由东向西的跨度约1480千米。兰州在甘肃东头，但也不是最东头。直接落地兰州，由东向西游玩，你会错过两个必"打卡"的景点——天水麦积山和平凉崆峒山。它们一个是中国四大石窟之一，一个是中国最早的道教发源地之一。顺带一提，要去崆峒山，最好选择自驾。

▲ 年少读书时，我曾前往崆峒山游玩

平凉市在天水市的北面，两地之间的高速也通车了。高铁目前只能选择从天水再到定西、兰州这条线，不自驾会错过平凉。

再提一句，甘肃也是地理气候最复杂的省份之一，南北跨度1132千米，所以即便是夏季，来甘肃游玩也要把薄的、厚的衣服都备全。

当然，落地天水或敦煌也可以，不过这样的话飞机一般会有中转，票价也略微贵些。

陕甘宁、甘青宁其实在生活习俗、民俗民风上差别不大，但也有不同。由秦入陇，可以体会到中原地区到古代边塞地区的地貌变化和饮食文化、口音和少数民族文化等各方面的差异。

无论是坐飞机，或是选择其他出行方式，第一站最好落地西安，机票也相对便宜。从西安到敦煌之间是有高铁和火车的，途经咸阳、宝鸡、天水、定西、兰州、武威、金昌、张掖、酒泉、嘉峪关、敦煌等地，这就串成一条线了。

如果你时间充裕，完全可以买夜间运行的火车卧铺，在火车上睡一觉，酒店钱都省了。

在西安尝尝陕西的肉夹馍、羊肉泡馍、辣牛肉、辣羊肉、biángbiáng面，再去逛逛大唐芙蓉园，看看曲江、大雁塔和钟楼，兵马俑和华清池也是必看的。

然后前往第二站，宝鸡。开车的话，你可以去太白山泡泡温泉，顺便还能参观法门寺。宝鸡有个重要的博物馆，一定不能错过——宝鸡青铜器博物院。宝鸡是西周发源地，也见证了青铜文明的顶峰时期。

在宝鸡吃什么呢？岐山臊子面呀，这是最出名的。其他的也要尝尝，这里的美食以面食为主，因为太多，就不赘述了。

天河注水

第三站进甘肃，到天水。天水的麦积山，绝对不能错过，因为这是中国的四大石窟之一。四大石窟按照建造年代的先后依次是甘肃敦煌莫高窟、甘肃天水麦积山石窟、山西大同云冈石窟、河南洛阳龙门石窟。天水麦积山石窟的建造始于北魏，一直延续到了元代。除了麦积山，还应该去看看天水的伏羲庙。天水是秦州府治，也是"三皇"故里，伏羲庙就是"三皇庙"的前身。这里的三皇是指伏羲、女娲和轩辕，但是"三皇"也有别的说法。"三皇庙"初建于元朝，复建于明朝。这里都是明清古建，有兴趣的话可以去看看。

关于"天水"二字有一个"天河注水"的传说。

传说大概在西汉初年，战乱频生，连年干旱。忽有一夜，狂风大作，雷电交加。一声巨响中，地面裂开了一条缝。只见天河流下，注满了裂开的缝隙，形成一湖。据说此湖"春不涸，夏不溢，四季滢然"。因其与天河相通，故名曰"天水湖"，又叫"天水井"。后人推测天水湖是个堰塞湖，与西汉时期甘肃中东部地区的地震频发有关。《水经注》中也记载"五城相接，北城中有湖水，有白龙出是湖，风雨随之，故汉武帝元鼎三年，改为天水郡"。

天水还是"飞将军"李广的家乡，如果到了天水，有空可以去天水南郊的文山山麓拜谒他。

来到天水，著名的街亭温泉也是要去的，兰州人周末有时会专程去天水泡澡。除了天水麻辣烫、天水呱呱、天水面鱼，还有天水里脊、甘谷荞面油圈圈，也一定要尝尝。走时记得带点甘谷县的辣椒面，这里出产的羊角辣椒因为椒身较长，所以也叫线椒，是中国国家地理标志产品，这里种植的辣椒有四百多年的历史，香而不辣，肉质肥厚。

▲ 我母亲怀孕时，曾与我父亲一同前往麦积山石窟

安定西垂

第四站，"定西"二字最早出现于宋代，定西，其名取"安定西垂"之意。为人熟知的甘肃省博物馆的"元朝莲花玻璃托盏"，就出自定西漳县的陇右王汪世显的家族墓葬。西魏时期和隋代的临洮郡，以及秦昭襄王时期的陇西郡所属的大部分地区现也归定西管辖。秦昭

襄王嬴稷，就是风靡一时的影视剧《芈月传》中主角秦宣太后芈月之子。当时秦国灭了义渠国，就在义渠国的领土上设立了陇西郡，郡治在狄道，也就是现今的临洮县以南。陇西郡所辖范围甚广，包含现今的兰州和天水地区。陇西的"陇"，是指"陇山"，也就是起于宁夏固原境内的六盘山山脉，是秦岭的余脉。所以陇西就是指六盘山山脉以西的地区，唐朝在六盘山地区设置过陇右道，古人称"东为左，西为右"，取坐北朝南的概念，所以陇西也称为陇右。甘肃大部分地区都处在陇山以西，故而"陇"也是甘肃的简称之一。不过甘肃还有"陇水"，即现今临洮县境内的"东峪沟"，源头在渭源县，在临洮县以北汇入洮河。

到定西最应该去看看的地方，特别是"李"姓人该去的地方就是陇西县的"李氏龙宫"。李姓在中国有一亿多人口，其堂号就为"陇西堂"。李世民登基后，将陇西定为李姓的"郡望"。"郡望"就是某一地域的名门大族，而陇西"李氏龙宫"可以说是天下李姓人的宗祠。民间供奉祖先的为祠堂，皇家就为"宫"。诗人李白就言"本家陇西人，先为汉边将"；而李宗仁在其回忆录也提到："相传我们先祖是陇西人，历朝历代，迁徙数千里，才定居到广西的。"

定西特产是药材，唯黄芪、甘草、党参品质甚高。定西产土豆，土豆的细分品种也不少。走时记得带点"定西宽粉"，品质很不错。

特色小吃别忘记尝尝，可以先买个陇西腊肉夹饼。陇西腊肉的特别是外省人难以想象的，肥而不腻，香气扑鼻，完全不同于南方熏腊肉，来到甘肃不尝尝这个，那你就后悔去吧。甘肃小吃除了兰州牛肉面，陇西腊肉我会给出最高评价，现在写着写着口水都不自觉地出来了——买一个腊肉夹饼，热腾腾的白饼，加上腊肉，吃一顿管一天。当然这腊肉在兰州也是能买到的。另外，岷县点心可别忘了买点。

  定西玩得差不多了，第五站终于可以前往兰州了。

吃货兰州

无论你是南方人还是北方人，都要习惯兰州的牛肉面是兰州人的早饭和中饭这一事实。

在我的印象里，牛肉面最初的价格是1.7元，那时候我大概还在上小学吧。我在兰州有这么几大爱吃：兰州铁路局孙子烤羊肉；邓园旁的东方宫牛肉面；大沙坪的八公里羊羔肉，现在叫阿西娅黄焖羊肉；大沙坪的白记肉片；均家滩的浆水面，现在叫醉仙楼；胖妈妈的手抓羊肉；兰州的羊肉泡馍，陕西人叫水盆羊肉；箭道巷的肥肠面；通渭路的马三洋芋片；西固的梁肠子；兰州随便哪一家的甜醅子、灰豆子、冬果梨、软儿梨、酿皮子、糖锅盔、羊杂碎……

除了我"点名"的这些馆子，其实任何一家牛肉面或手抓肉、羊羔肉、浆水面，都独具特色，不过外地人可能吃不出差别。只有像我这种资深"老油子"，才能辨识得出其中微妙的口味差异。

先来一碗牛肉面

在兰州市正常经营的牛肉面馆子大概1600多家，这些面馆看似区别不大，形式上都是开票取面、取菜、取肉、取鸡蛋，可实则竞争激烈。有的馆子靠汤底取胜，有的是靠煮牛肉的味道，更有甚者是靠油泼辣子的味道，甚至在七里河有家牛肉面馆就叫"辣子牛肉面"。

牛肉面表面上没有大的区分，也没人能告诉你区别，只能自己悟。我是这样区分的：清汤牛肉面，汤底的味道和油泼辣子的味道都不是很重；鸡汤牛肉面，有些牛肉面馆为了提升口感，熬煮鸡汤作为汤底；浓汤牛肉面，汤底里料很足，听说有的甚至会放四十多种底料；酸菜牛肉面，就是牛肉面里加酸菜，这种吃法我第一次吃好像是在十年前；干拌牛肉面，就是不要汤底，其他都要，干拌着吃。

兰州的牛肉面进店后要先买票，自己取餐，完全自助化，因为多年来兰州牛肉面商会和市场监管部门实行的限价政策，兰州的牛肉面价格目前还维持在10元以内，大部分在八九元，还有更便宜的价格，去大学校园里有时也能吃到五六元一碗的牛肉面。

"兰州拉面"的招牌在兰州之外已经被用到泛滥，缺乏行业监管，导致"兰州拉面"给很多其他省市地区的朋友留下了口味差、价格高、肉量小，甚至肉片薄如蝉翼的印象。但其实兰州人从来不把这碗面叫作"拉面"，即便拉面的这个环节确实出彩。一些外地商家经营"兰州拉面"时，由于口味和品质上达不到兰州牛肉面的高标准，就以"拉面"这个噱头作为特色，来吸引食客。

另外，兰州牛肉面馆的牛肉除了撒在面中的牛肉碎，其余的都是要按斤售卖的，一般都是按照熟牛肉的市场价来定价，目前大概是八九十元一斤，而在面馆卖的一小碟，也就是"一份"牛肉，其实就是一两牛肉，大概跟目前的一碗牛肉面价格持平。前几年我听说，牛肉面的价格是按照低保人员的收入定的，以确保低保人员一天能吃上三碗牛肉面为标准进行定价。这种说法虽缺乏事实依据，也难以考证，但也能从侧面说明兰州牛肉面的价格确实不高。

除了牛肉和面，牛肉面馆还增加了小菜、鸡蛋等配菜，有的也会增设一些兰州特色小吃，如烤羊肉，以及甜醅子、灰豆子和热冬果等甜品。到了夏季，一部分牛肉面馆还会推出卤面或凉面。

牛肉面馆推出的卤面和凉面一定要搭配烤羊肉，吃起来才会有满足感。

兰州牛肉面是我见过超越西式快餐最快的、最新鲜的中式快餐形式。有人说那盒饭更快，然而牛肉面从拉面、下锅、捞面，到加汤、加油泼辣子，再递到你手上的过程，大概只需要两分半钟。这不比盒饭快多了？这新鲜程度、速度，的确有些惊人。更为惊人的是窗口加汤师傅的记忆力，我见过最厉害的一位师傅，一次能记住30位客人需要的牛肉面形状、粗细。

兰州牛肉面的人性化程度可谓做到了极致，面条的形状、粗细都有区分。兰州人常吃常点的有毛细、细的、三细、二细、韭叶子、宽的、荞麦棱、一窝丝。其中毛细最细，二柱子最粗，大宽、薄宽、二柱子一般很少有人点，因为这几种面的样式确实有些夸张。还有一个特殊形状，荞麦棱子，点的人也不多，但口感不错，你可以来兰州尝试一下。

做好一碗正宗的兰州牛肉面，需要把控的环节有很多，选料、和面、煮肉、制汤、火力、时间、辣椒油制作，各个环节都可以展开讲一大段。兰州牛肉面的传说起源于唐朝，据说是从河南怀庆府的小车牛肉汤面演变而来的。

牛肉面业内人士在选料上有这么一个口诀：甘南的牦牛、永登的面，皋兰的蓬灰、甘谷的线。甘南牦牛肉，产自甘肃南部甘南藏族自治州的安多藏区，也叫安多牛肉，肉质细嫩，蛋白含量高，其生长环境在我国3000～5000米的高原地区。

接下来是永登的面。永登县归兰州市管辖，黄河支流庄浪河流经此地，在这里有将近30万亩（约200平方千米）的土地在耕种小麦，引种的小麦品种有20多个，其中"和尚头"最为驰名。"和尚头"小麦广泛种植于兰州市的永登县、皋兰县，白银市的景泰县、靖远县等地，因其麦粒饱满、麦穗无芒而得名。这种小麦种植历史悠久，距今已有500多年了。因其耐旱、抗涝，蛋白含量高，出筋高，亩产高，口感好而深受大家的喜爱。兰州地区早在5000年前就已经有种植小麦的记载了，汉朝小麦的生产仅次于粟稷。粟稷也就是"稷"，中国古代北方的重要粮食作物，也叫黍，禾本科，陕西人有称作糜子的，也是中国最早驯化的粮食作物。

好了，重点来了——蓬灰。这可是牛肉面的灵魂所在。蓬灰是用广泛生长于中国西北地区的一种植物"蛛丝蓬"（也叫"蓬蓬草"）烧制而成的。烧制蓬灰通常在深秋，蓬草干枯后——如果没有干透，就把蓬草连根拔起，晒干之后在土灶里烧制成灰。蒸面做馒头离不开食用碱，过去在西北地区，蓬灰就是替代食用碱的一种天然添加剂，不仅是做牛肉面的面条会添加，做面皮、酿皮、凉皮这类面食也都会放蓬灰。蓬草植株里含有碱性物质，种子里含有淀粉，困难时期，其种子也被磨成粉面充饥。不过现在，随着生活水平的提升，人们开始更多地关注身体健康。听说有人拿着蓬灰去做了化学检测，发现其中含有有毒物质铅和砷，不过最后证实其剂量远低于国家安全标准，这种天然添加剂才得以保留。

作为天然的食用碱，蓬灰可以增加面条的延伸性，还可以软化面筋的筋度，使得面食在拉伸的过程中不容易折断，进而改善面条的口感，这就是"兰州牛肉面"被称为"中华拉面"的关键。不过如今科学家们研制出了优化过的"拉面剂"，已经被广泛应用在牛肉面的制作中，但也有坚持使用传统配方的店家，来维护老顾客的那一点舌尖上的记忆。

"甘谷的线"，说的就是甘谷的线椒，这个在之前介绍天水时我已经提到了。

此外，每家牛肉面馆都有其成功的秘方。汤底的秘方、煮肉的秘方、油泼辣子的秘方，甚至煮茶叶蛋都有不一样的配料。

这些因素综合在一起，就造成了兰州牛肉面很难走出兰州地区的局面。对于面粉的苛刻要求、牛肉的选择，对于辣椒，甚至蓬灰的使用，都大有讲究。在整个兰州地区，牛肉面经济是不可小觑的一项产业，它扎根于每一个兰州人的生活中，可以说兰州人的血液里20%的水分都来自牛肉面汤。

早上吃过了牛肉面，中午可以去尝尝陇菜里的兰州菜。陇菜的涵盖范围很广，到了兰州，就找家能吃浆水面的馆子吧。兰州人喜食面，这是极符合北方人饮食习惯的。

古老的兰州浆水面

提到浆水面，很多人都觉得是自己家乡的美食，这是因为以浆水面为名的美食不止兰州有。

浆水面广泛流传于我国西北地区，汉中浆水面、关中浆水面、凉州浆水面、天水浆水面、兰州浆水面，甘、青、宁、陕、晋其实都有名为浆水面的面食，但其差异如同地方口音一般，十里不同音，各地的做法不尽相同。

兰州的浆水面是有自己的绝佳搭配的，那就是浆水面配猪蹄子、浆水面配排骨，或是浆水面配卤肉的招牌套餐。当然还得来一碟虎皮辣子、一碟蒜泥茄子，还有蒜泥豇豆——因为豇豆形长，兰州人把豇豆称作龙豆。到了夏天，浆水面馆的生意那可是相当火爆，这些食物是夏天的绝搭。

兰州浆水面的关键在于浆水。浆水是由面汤加青菜发酵而成的，含有大量的乳酸菌，清凉败火。发酵浆水时选用不同的青菜能给浆水带来不一样的风味。如包心菜、白菜、芹菜、苦苦菜等，都可以用来发酵。苦苦菜发酵出来的浆水清澈透亮，我觉得口味更棒，不过因为苦苦菜是野菜，市场上难得见到，如果有读者朋友能吃到苦苦菜发酵的浆水面，算是非常有口福了。

发酵浆水用过的蔬菜，捞出来叫浆水菜，放点油泼辣子凉拌，或是加肉末炒制，酸辣可口。

制作浆水需要确保菌群的纯净，这是个技术活，所以很多人做不好浆水。

浆水可以作为浆水面的汤底，也可以单独加糖饮用，这是个外地人并不了解的隐藏吃法。浆水面上桌前一定要用炝过干红辣椒段和花椒的热油泼在上面——当然花椒要选择甘肃陇南地区的。在甘肃，陇南的花椒也是餐桌上的必需品。

浆水面的悠久历史，比汉武帝执政时期还要早，相传浆水面这一名称是汉高祖刘邦和萧何在汉中时所起。

相传楚汉相争时，刘邦和萧何来到现今陕西安康汉滨区的中渡台，见一家夫妻面馆，便进去吃面。谁曾想这对小夫妻急着探望生病的岳母，出门时在放烫好的白菜的缸里灌进了热面汤。回来时还没落脚，恰好赶上这两位食客上门，情急中便捞起白菜浇上面汤，淋上油泼辣子。没想食客刘邦和萧何大赞面的美味，问店家面食的名字，店家便请食客来起个名字，萧何便随口说了句"浆水面"。自此安康一片便有了浆水面，随即慢慢传播开来。

对于这段传说，无论其真假，都能说明汉朝在西北留下的影响一直没有消退，甚至还在不断地传承和发扬光大。

酸爽清凉的浆水面是兰州人家常餐桌上必备的美食。当然浆水面也有清真的，不过清真馆子里会加羊肉，也就是兰州人俗称的"荤浆水面"，也可以去尝尝。吃浆水面还有个细节，记得跟老板说要"过水"的面。

少不了的黄焖羊羔肉

早上牛肉面，中午浆水面，晚饭来点什么？不如去八公里吃点阿西娅的羊羔肉吧。羊羔肉是称斤卖的，配有土豆、手擀粉、青椒、大蒜，味道独具一格。黄焖羊头也不能不点，这里的羊头口味还是比较特别的。

黄焖羊羔肉这道美食，是西北菜的招牌菜之一。从内蒙古的阿拉善盟，到整个宁夏地区，再延伸到甘肃的白银和兰州地区，黄焖羊羔肉受到大众的普遍喜爱。

而在甘肃最为知名的羊羔肉其实是白银市靖远县的靖远羊羔肉。不过要是没空专程去靖远吃，在兰州也能一站式解决。靖远县的黄焖羊羔肉、爆炒牛娃子肉、爆炒羊肉片都是来往客商、货车司机们最为钟爱的美食。这就解释了为什么八公里的羊羔肉在连霍高速出口位置了。

吃了晚饭，可以去中山桥逛逛，看看金城关的夜景，站在黄河南岸，环视对面霓虹灯下的白塔山、金城关。看着黄河上的游艇穿梭，西北的水上风情，可谓是难得的一景。

逛饿了吧？走，镇宁路夜市或者是酒泉路夜市，烤肉"喠"（dié）起！当然还有西站夜市、大众巷夜市，西固城和安宁交大附近也有夜市，要等你自己来探究了。

夜市上的兰州传统美食可就相当丰富了，恐怕你的肚子可能装不下。

铁扦烤羊肉烫了我的嘴

先说烤肉吧，兰州的铁扦烤肉，算得上我童年记忆最深刻的美食了。土生土长的兰州娃，恐怕嘴角边都有一道铁扦的烫痕。

我记得，我小时候羊肉串2毛钱一串，现今价格已经翻了十倍。不过烤羊肉摊子上，我最不喜欢吃的就是烤羊肉。

不懂了吧，烤羊肉太瘦，一串上大概有四五块肉，虽有一块是肥肉，但我吃在嘴里还是感觉柴得慌。我是一个从小对肥肉情有独钟的人，所以到了烤羊肉摊子上必定是要吃一把肉筋的。

"一把"在兰州的烤羊肉摊

▲ 油浸浸的铁扦烤羊肉

子上不是个泛称,而是一个有具体数量的度量单位,它是个数量词。"一把"指40串,我一个人通常要点一把肉筋,半把小腰子,一个大腰子,有时也会来点烤羊肚,主食来个烤油饼,哇,简直不要太美味。

吃兰州烤羊肉其实有个宝藏地,这个摊位具体叫什么我不大记得了,但我每次去兰海游泳馆游泳,出来后右转再右转,走到游泳馆侧面就到了。这家的烤肉可能是目前已经不多的价格还维持在一元每串的摊位之一了。当然一元的量和两元的还是有差别的,但这家烤肉却总能让我找回儿时的那份情怀,在口味和形式上都更加传统。这家店就成了我减肥路上的障碍之一。

现今多数的烤肉店里,除了可以点烤制的美食,羊肉面片也必不可少,再来一盘羊骨头,有酸辣的,有原味的。

夜市上的"马爷"有很多

夜市上有烤肉,还有马爷的牛奶鸡蛋醪糟,马爷太多,有时会"傻傻分不清楚"。所谓"马爷"其实就是白胡子大爷。这道甜品我小时候还没有,也不知道是什么时候被发

▲ 牛奶鸡蛋醪糟

明出来的，饱腹感很强。减肥人士在兰州必然是"举步维艰"的，恐怕来过兰州后，你的体重会让你懊恼一阵。

羊杂碎摊子上的"羊头"和"发子"

羊杂碎，西北名小吃，同样不容错过。两种吃法，干拌和带汤的，跟老板要碗羊汤，再来个"干头"——就是剥了皮、去了舌的羊头。听起来、看起来是有些恐怖，但吃起来简直就是天上龙肉。尤其是羊眼和羊脑，爱的人是真爱，不爱的人看都不敢看。

"发（fá）子"吃了没？回族传统美食之一。"羊肉发子"可不是"羊皮筏子"。在有些羊杂碎摊子上是可以品尝到这一美食的，其实就是在清理干净的羊肠里灌入剁碎的羊肉、羊心、羊肝等羊杂，添加香料后煮熟，吃时淋上油泼辣子和其他蘸料。因为灌满肉的羊肠扎成一节一节的，看起来像是羊皮筏子，就取了个谐音"发子"。运气好你还能吃到"面肺"，做工更加复杂，就是把去掉面筋的面水灌入羊肺中，煮熟后与"发子"拌在一起食用。

吃了羊杂和"发子"，该消消食了。杏皮水、东果汤、灰豆子、甜醅子，任选一样，多了你还真喝不下去。

传统甜食店里逛一逛

"热冬果",兰州特产冬果梨熬制。主要种植区有皋兰什川、七里河孙家台等地。每到四月中旬,兰州梨花绽放,尤其是什川,其古梨园被认定为"世界第一古梨园",由于特殊的养殖技术,园中古树从明代存活至今。冬果梨有消咳化痰的效果,所以兰州人就加上冰糖、枸杞、山楂熬制而成。我家做冬果汤诀窍在于一把花椒,你没听错,甜品里加花椒。还有一种做法,就是将冬果梨去除果核,把冰糖塞入其中,然后放入碗中,上锅蒸制;不添水,出锅后梨汁自然渗出,口味清甜。很多人不知道这种做法,我之前在夜市上确实很少见冬果梨汤里加花椒的,也没有蒸制的。一碗甜滋美味的热冬果汤,加上软糯的冬果梨,天冷时,简直是沁人心脾、润肺化痰的甘露。

"甜醅子",首选原材料是莜麦(兰州称"玉麦子"),还有由燕麦、青稞、小麦发酵而成的,是西北特色美食之一,酒味香甜,吃多了也会醉。我小时候,我妈经常在路边摊买甜醅子给我吃,配上扁平的三角甜粽,蘸着蜂蜜,那叫一个香甜。甜醅子加糖,用白开水冲开,清热解暑。以前一碗甜醅子是可以无限加凉白开的,回族的汤瓶就是装凉白开的容器,一碗一碗怎么也喝不够。

汤瓶可能很多人没有听过,它可是回族家庭必备的日用品。汤瓶用途

▲ 兰州冬果梨

广泛，它可以用来洗手、洁身，其实就是我们通俗意义上的水瓶、水壶。

"灰豆子"是西北名吃，但也是兰州地区独有的，走了可就吃不到了。

"灰豆子"是豌豆加了蓬灰、红枣、白糖一起煮成的粥。当然，也可以把蓬灰换成食用碱，冬夏、早晚皆可食用，老少皆宜。"灰"其实说的就是蓬灰，豆子用的是豌豆，加蓬灰是为了让豆子绵软，更容易出沙，但又不完全是豆沙，入口有股独特的香味，而且有嚼劲。

兰州还有"热晶糕"。我在西安也吃到过，感觉两地基本没有差别，比粽子要软糯，撒点白糖，或蘸着蜂蜜，香甜可口。

兰州的多数美食，都是回族同胞在经营，饭菜干净，口味独特。兰州好吃的牛肉面馆、酿皮子、甜醅子、羊羔肉、爆炒牛娃子肉、手抓羊肉、烤羊肉等的经营者，大多数都是少数民族，尤其是回族，当然也有其他民族的民众。如东乡手抓，就是东乡族的特色菜。所以到了兰州的饭馆，一定要注意尊重少数民族的饮食忌讳。

▲ 兰州灰豆子

前往回族、东乡族、保安族等民族同胞经营特色餐馆时，不要外带食物，尤其是汉族和其他民族的食物。不要在回族餐厅饮酒，这也是来到兰州尤其要注意的。民族团结最重要的就是互相尊重。

"酿皮子"可少不了

"酿皮子"的"酿"不读niàng，要读ráng——"ráng皮子"。这道美食经济实惠，味美爽口，里面有黄瓜丝儿和胡萝卜丝儿，橙黄透明，加上几块切好的面筋、蒜末、芥末、辣椒油，还有芝麻酱，吃起来不同于陕西的凉皮，独具特色。酿皮有水洗和高担两种，就是制作时有没有淘洗过面筋的意思。淘洗过的就是水洗，反之就是高担，口感略有差异。从"酿皮子"开始，教你说句兰州话：你们兰州的酿皮子好吃得很！来，跟着我读：ní mèn làn zhōu dì rǎng pì zi，xí mà zán jīn lāo！汉语音译一遍：尼闷滥州第攘屁子，席骂咱劲捞！

其实在清真的酿皮子摊位，很多老板是把酿皮子、汤圆、粽子、甜醅子、灰豆子、热晶糕等放在一起售卖的。

"手抓"店里的"牛肉夹沙"

在兰州能吃上美味的手抓羊肉，是因为兰州距离临夏回族自治州很近。这个地方古称河州，是甘肃省的少数民族聚居地之一。甘肃特有的三个少数民族，裕固族、东乡族、保安族，这里就占了两个——东乡族和保安族。东乡族的手抓羊肉可谓一绝，临夏回族自治州有个东乡族自治县，下辖着一个唐汪镇，唐汪的手抓羊肉远近闻名，甚至注册成了品牌，在兰州遍地开花。

手抓羊肉是东乡人招待宾客的佳品，冬季吃羊肉最为滋补，软烂鲜香。手抓羊肉有精品和普通之分——肥瘦相间的羊肋骨，肋条部分常称作精品部分，羊腿等一些偏瘦的部分则称为普通部分，价格上有一定的差别。

    在手抓羊肉餐厅还有一道必点的名菜，那就是"夹沙"。

    "夹沙"一般以牛肉作为主要原料，把肉馅裹在鸡蛋皮或者豆腐皮里，切成小块，炸至金黄，会做成糖醋的或酸辣的，红烧的亦可。这道美食在兰州周边还有青海地区都能见到，千万不要错过。

兰州也能吃到"洋芋搅团"

    "洋芋搅团"也叫洋芋糍粑、洋芋粑粑、也是甘肃的一道传统美食，流行于甘肃各地。但它并不是甘肃独有的，陕西、四川、云南、贵州都有它的身影。甘肃的搅团保留了最原始的制作方式。煮熟的土豆放进石臼里，舂成有黏性的土豆泥；放上不同的料汁调味，更是美味。我觉得在甘肃最好吃的是陇南地区的搅团料汁，还有洋芋擦擦，有兴趣的话在兰州都能吃到。

▲ 搅团

刘家峡的黄河鲤鱼来兰州也得吃

哎呀,黄河鲤鱼还没吃!黄河鲤鱼在兰州的有些馆子里是能点到的,但如果吃不到,只能跑一趟临夏州的永靖县了。因为那里有中国首座百万千瓦级的水电站——刘家峡水电站。在兰州吃到的黄河鲤鱼多来自刘家峡水库,这里距离兰州主城区大概一个半小时的车程。黄河鲤鱼是一种淡水鱼的特有品种。刘家峡水库水质清澈,洮河由此汇入,出产的鲤鱼肉质不同于普通鲤鱼,鲜嫩无比,而且刺少。有人工养殖的,也有半人工养殖的,之前还能吃到野生的,现在没口福了,野生的好像不让吃了。但吃半野生的也一样——就是从网箱逃出来的,体形没有养殖的大,生长较为缓慢,肉质紧实。当然,如果不想被老板骗,最好找个当地人做向导,自己去淘。即便吃不到鱼,跑趟刘家峡也是值得的,这一汪清澈碧蓝的湖水,沁人心脾,可谓是镶嵌在黄土高原上最引人注目的璀璨宝石。

提前喝一杯"敦煌杏皮水"

吃不下了吗?来杯"敦煌杏皮水"开开胃。这款饮品选用上好的敦煌李广杏的杏皮,是将其晒干后,加上冰糖熬制而成的。既然还没去敦煌,那就先在兰州品尝一下吧。我上高中时,这杯饮品好像是一元一杯,现在大概也就是四五元吧,纯天然无添加,酸甜口味,开胃健脾。敦煌不仅产李广杏,还有李广桃,秋天来兰州时也是有机会吃到的,后边讲到敦煌时我们再来谝(piǎn)一谝它们的故事。

兰州人过年要吃"糟肉"

兰州糟肉吃了吗,没吃你能轻易离开兰州吗?答案是肯定不能走!"兰州糟肉"在浆水面馆里有卖,但切记千万不要去清真菜馆问,这可是最忌讳的,说错话小心人家把你赶出来!

兰州糟肉算是兰州人餐桌上的一道家常菜了,但因为其在材料选择和制作方法上略显复杂,所以只能等到过年才有机会一饱口福,平时想吃就只能去馆子里点。

上好的五花肉加料去腥,煮熟切成片,调料有鲜姜片、八角、花椒、腐乳和葱,缺一不可。肉片裹上这些料蒸熟,上桌后夹馒头或者白面荷叶,我写的口水都出来了,这道糟肉,我大舅和四舅都做的不错,每年过年都会送来我家,但还是不够吃啊。我妈也会做些冻在冰箱里,吃时上锅蒸熟。

黄家园的肥肠面

兰州黄家园的肥肠面,老店在箭道巷,就是如今的甘肃省政府右手边面对肃王府的这条路，入口有个山字石教堂，通向滨河路。

　　他家卤肥肠的味道堪称一绝，面的口感也很独特，看上去拉面师傅的手法跟牛肉面馆的师傅差不多，可是面的口感却不一样！也是自己开票，不同的是顾客可以在座位上等，不用自己端。肥肠按份儿卖，有普通的、加工的、加两份的。就是肥肠多少的意思，价格上有差别。面好像是不能选粗细，大概就是牛肉面里的"细的"这个规格。在五里铺瑞德摩尔也有一家店，地铁一号线和二号线的换乘站下车，然后手机导航一下，走几步就到了，两家店味道都不错。

　　肃王府右手边是箭道巷肥肠面，左手边是通渭路洋芋片，也就是所谓的"箭道巷的肥肠面，通渭路的洋芋片"，这是我编的口诀，希望读者朋友们不会错过这两道美食。

童年的"洋芋片"

　　通渭路的这个洋芋片呀，又是童年的回忆！甘肃人好像很少有管"洋芋"叫"土豆"的。小学时，放学以后，校门口做儿童生意的小商小贩们就把放学通道堵得水泄不通。我四年级转到了一只船小学就读，现在还记得很清楚，出门右转，栏杆边上，一个卷发阿姨架了个柱状小火炉，上面放个铝锅，里面煮的就是一毛钱一串的洋芋片和豆腐皮。其实每个甘肃人生命里都避不开洋芋，定西的洋芋产量太大了，甘肃人家家户户都离不开"洋芋"，最常见的菜品也是"洋芋"。

所以我最讨厌吃洋芋！虽然我正在介绍洋芋，但我照顾这个阿姨的生意，完全是因为她的料汁和她卖的另外一道美食——豆腐皮！这个豆腐皮我超级爱吃，每天就等着放学时花上一元钱来这么十串，当然不忘交代一句："阿姨，汤多些！"撸下来的洋芋片和豆皮装进塑料袋里，浇上两勺辣汤，吃完了，塑料袋底下咬破，把辣汤喝掉，这就我最美味的童年记忆了。

很早以前学校门口就不能摆摊了，所以当我在别处突然发现竟然有家味道一样的"马三"洋芋片，就一度怀疑学校门口的那个阿姨是个"连锁阿姨"，我们这些兰州的小孩都觉得这家马三洋芋片的味道跟自己学校门口的阿姨做的味道一样，她们的老板很可能就是"马三"！

写到这里时，已经是农历的八月初五了，还有十天就到中秋节了，要吃月饼了！

"糖锅盔"就是我家的月饼

兰州的月饼可跟多数人理解的广式月饼不一样，兰州的月饼，在我妈的印象里就是"糖锅盔"！从小我妈就是这样告诉我的，不知道她说得对不对，但我已经被迫接受了。兰州锅盔除了不加油的，还有油锅盔，也有糖锅盔。甘肃静宁州的锅盔，别具一格，可久贮不馊。列为静宁三宝——烧鸡、苹果和锅盔！不用担心去不了静宁，这三宝在兰州都能买到，兰州的烧鸡店、锅盔店，大大小小很多家，想买的话一定要找个兰州阿姨问一下，特别是手里拎着菜的那种，一问一个准！这个糖锅盔就是糖油混合的终极产物，但是绝对放心，纯天然，没有反式脂肪酸！黄色的外皮是因为混入了菜籽油，兰州苦水的玫瑰加上白糖包进去，或者五仁白糖包进去，一个接一个，吃得停不下来！坐上火车，或者在高速路服务站，拿出锅盔，撕上一块烧鸡皮塞进嘴里，妈呀！太满足了！

有时候年龄越大，越能明白原来爸爸妈妈爱吃的也是我爱吃的！什么大饼咸菜、稀饭馍馍，那才是饭菜中的珍馐。

"苦水玫瑰"和"兰州百合"

兰州永登县苦水镇的玫瑰糖走时记得带上，它有着最质朴的做法，最美味的清甜，可以用来做糖、做茶、做甜品，做玫瑰精油、玫瑰露、香水和还有各种化妆品。

兰州苦水玫瑰是永登县的特产，中国四大玫瑰品系之一，世界上少有的高原玫瑰富硒品种，所以玫瑰花也是兰州市的市花。传说它是清代赴京赶考的苦水镇秀才王乃贤从西安带回家乡栽种的，刚开始只是用于观赏，由于地理环境适宜，在永登苦水一代生长的极为繁茂，花香四溢，因此受到大家的喜爱，便开始广泛种植。

"苦水玫瑰"生长于海拔1600～2400米的高原地带，在世界天然玫瑰中品种稀有，玫瑰植株耐寒、耐旱，种植面积达十万亩。

兰州的"百合"是国内少有的能够食用的百合品种。据邓明先生《兰州史话》所载，兰州百合的栽培历史至少起于在明万历三十二年（1605年），其品种是通过多年选育而成，种源应在西果园一代。兰州地区的海拔高度范围在1500～3670米，3670米是马衔山最高峰的高度，在兰州市区能看到的最高峰是皋兰山，海拔2129米。而"兰州百合"的种植高度被严格要求在1800米到2400米之间，且需要充足的降水，日照充分，既不能酷热，也不能下雨太多，还不能是黄土地，必须是沙质土。这么严苛的条件，就决定了百合必然是要种植在马衔山两侧山体上的。

所以兰州的百合种植区域西起临夏永靖县，过了西固，沿着马衔山脉经过七里河的七道子梁，一直延伸到榆中县，在兰州市的南侧高山之上，形成了一条种植带，总面积只有十万多亩，种植区域很局限，产量也没那么高。因为品质好的的百合要在地里长上个八九年才能上市，生长周期极长。

兰州百合的主要食用部分是瓣状鳞茎，毫无苦味，反而口味清甜，肉如白玉，是少有的无毒品种；所开出的黄色百合花也是可以吃的，只是市面上很少销售，少部分在兰州早市上会有流通，在产区的一些农家乐里也能见到。运气好的话，夏季可以点到"凉拌百合花"这道菜，大部分兰州百合开花时节是在七月。

百合的营养价值和药用价值都非常高，我国著名植物学家孔宪武教授就评价兰州的百合"亦堪称世界第一"。

▲ 马衔山的景色

已经介绍了这么多好吃的,但还是不能不提西固的梁肠子,主要是粉肠。兰州市区里其他地方也有连锁店,所以不用去西固也能买到。

还有红烧肘子、八宝饭、梅菜扣肉、清炖丸子、蒸排骨、蒸酥肉,去老兰州菜馆基本都能吃到。

"兰州烩菜"还是要放点肉

"兰州烩菜",有点像是东北的炖菜,一般是用砂锅炖,也是一道家常菜,里面一定要放上豆腐、粉条、肉片或者肉块,还有丸子和酥肉,当然白菜、海带也不能少。其实多多少少,该加什么,添些什么调料，并没有严格限制，完全取决于家里有什么现成的食材，这道家常菜不能算是刺激味蕾的珍馐，但确实是每个兰州人最质朴的对家乡味道的记忆。

"金鱼发菜"好像没了

"金鱼发菜"里的"发菜"是一种藻类植物，生长在海拔1000米以上的高海拔贫瘠地区，形如发丝，营养丰富，经济价值非常高。因其发音与"发财"相近，受到广大食客的喜爱。"金鱼发菜"是老兰州传统名菜中的贵族了，属于高档陇菜。因为发菜稀有，得来不易，且会做的馆子真的不多，所以建议去老兰州菜馆问问，说不定有机会能吃到。

"金鱼发菜"做法相当考究，鸡胸肉和肥猪肉剁成泥，调好味儿后，包裹发菜，捏成金鱼形状蒸熟后加入高汤，"金鱼"漂在汤中，鲜爽可口。吃不到这道菜的话可以尝尝用鸡蛋豆腐做的发菜汤。

开锅涮里的羊肉

"兰州开锅涮"，也叫"开锅羊肉"，口味上接近北京铜锅涮羊肉，当然内蒙古的吃法也差不多。因为是最质朴的吃法，这个时候比拼的就是羊肉的品质了。甘肃羊肉大体分为十个品种：靖远羊羔肉、民勤羊肉、东山山羊羔肉、甘加藏羊肉、永昌羊肉、环线滩羊肉、陇东黑山羊肉、凉州羊羔肉、肃北雪山羊肉、永登七山羊肉。这是十大最出名的羊肉。除此之外还有金塔羊肉、祁连清泉羊羔肉、玛曲欧拉羊肉、岷县黑裘皮羊肉、哈尔腾哈萨克羊肉、肃南细毛羊肉！具体的就要问老板了，究竟是哪种羊肉。

吃开锅涮，来碗"三炮台"，主食点个"油香"，就是甜油饼，保管你一顿吃不够。

简单的馒头也能吃出花

再说说兰州馍馍店里的白饼、馒头和花卷，独具地方特色，热腾腾刚出锅的最好吃，就算是没有配菜也很好吃。当然要是有点油泼辣子加进去那就绝了！没有油泼辣子的话，来两口西瓜就着吃，简直不要太香，对，没错，是西瓜！没吃过的人建议尝一尝。

什么是"三炮台"

兰州的"三炮台"，也就是我们常说的"盖碗茶"。

这种茶碗起源于唐宋。古代丝绸之路上有一个重要的丝绸产地，那就是"绸都"——四川南充。且四川毗邻甘肃，所以据我估计这种茶碗应该很早就传入兰州地区了，且在全国范围内广泛流传。

到了明清，这种茶碗不再仅限于上层社会人群使用了，开始在民间流行起来。刚好从隋唐开始，随着丝绸之路的发展和元代成吉思汗西征，有大量的中东和中亚国家臣服。回族等少数民族也开始落户于中国西北，并在河西走廊一带成为屯田兵的主力。

元末明初，西北各民族基本完成了本土化的转变，逐渐形成了西北特有的民族共同体。所以兰州的很多美食都是回族的特色民族小吃。结合四川的盖碗和回族家庭招待客人的"八宝茶""三炮台"就出现了。

之所以称为"三炮台"，是因为茶具酷似明清时代的"炮台"，且茶盖、茶碗和茶船刚好组成了茶具的三部分，这一生动形象的名称，在兰州民间广泛流传。

其实，装入啤酒杯的"八宝茶"就不能叫"三炮台"了，而很多商家把产品名字写成"三泡台"也是一种偏差——并不是这种茶只能泡三次的意思，或者说配方里面只有三样东西。这些解释都有些牵强。

▲ 我在烤羊肉店里喝到的"三炮台"

兰州的"三炮台"，茶碗普遍要比其他地方的大很多，容量是其他地方的一倍以上。可能大部分的兰州人都觉得小碗的茶喝着太少，不过瘾，所以最终换成了啤酒杯式的"八宝茶"。虽然名称上不那么贴切了，但也从侧面反映出西北人的豪迈和朴实。

《我忆兰州好》

清朝乾隆年间，有一位生于兰州的诗人江得符，在酒泉书院任职，他因为屡次科考不中，就去了陕西华阴任职"县学教谕"，在那里教书。他在思念家乡兰州时提笔写下了对兰州美食的记忆。其中有一首诗中是这样描述对兰州美食的：

我忆兰州好·其十一
清·江得符

我忆兰州好，般般品味新。
炮羔延座客，酪乳馈乡邻。
挟弹求芳雉，垂丝获锦鳞。
迩来黄酒酽（yàn），还醉瓮头春。

这段诗里讲到了羊羔肉，讲到了兰州的牛奶制品，讲到了野鸡、黄河鲤鱼、黄酒，讲到了"瓮头春"。

"五山池"的黄酒

"酽"一般用来形容味道厚、汁浓、颜色深的饮品。甘肃有名的黄酒应当是临夏双城的"五山池"了,这种黄酒是以北方黄米酿造,历史悠久,有浓郁的地方特色,酒气芬芳,可谓是黄土高原上的琼浆玉液。在兰州应当是能买到的。

而"瓮头春"多次出现在古代诗人的佳作中,如岑参就提到"瓮头春酒黄花脂,禄米只充沽酒资"。宋代黄庭坚也提到"多方挈(qiè,携带之意)取瓮头春,大白梨花十分注"。"瓮头春"是初熟的酒,想来并非烈酒,更像是甜米酒吧,也泛指美酒。瓮头春虽然并非特指兰州出产的酒,但在江得符的诗里,或许还是家乡的美酒更香甜些。

没提到的罗列在这

其实很多兰州美食我还没有说到。如早餐店里的洋芋格格,也叫洋芋角角(jué)子;兰州的羊油油茶或牛骨髓油茶、馓子、苦豆子马蹄花卷和枣儿水。

在兰州的安宁堡和西固城外有大片的枣树林。兰州的枣子不仅能用来熬煮成甜饮,还能用来制作酒枣。现在市面上很少有卖枣儿水的了,不过在很多的牛肉面馆里还是可以免费喝到,酒枣恐怕就很难尝到了。其实很多美味在市面上已经很少见到了，如洋芋格格，近几年似乎真的不曾再见过。

再如一锅子面、洋芋焾焾（qiǒng）、槐花焾焾，过年时家家户户都要炸的油果子、跐（cī）耳子、糁（sǎn）饭，这些在外面都不太容易吃到，最好是找个兰州的小伙伴，让他妈妈做给你吃，当然这要看你们的关系铁不铁了。

兰州还是著名的瓜果之城。我最喜欢吃的莫过于白粉桃了，因其表面的桃毛泛白而得名。不过这两年似乎为了好听改叫"白凤桃"了，在名称上已辨不出其特性。听起来好像是提高了档次，但也没人说得出其与"凤"到底有何关联。改了名却失去了原本的朴实。这颗被厚实桃毛遮盖其原本颜色的甜桃，不正像西北人吗？其貌不扬，内藏珍宝。

除了白凤桃，要是8~10月这段时间来兰州，还能吃到皋兰的沙地西瓜、响誉陇原的白兰瓜、黄河蜜、什川苏木梨、兰州子瓜。甘肃各地的特产水果和甜瓜这个时节都在兰州汇聚一堂：静宁的苹果，天水的桃；武威的葡萄，民勤的瓜；张掖红梨，敦煌杏，陇南红柿……最后压个韵，就加个"顶呱呱"吧。

风光兰州

悬画落人间

当代·沐泽川

桃花千树红,枝繁缀雪绒。

天斧劈沙宫,水墨染丹红。

马衔山上雪,天骄藏兴隆。

觅寻西湖处,不在灵隐东。

梨树、桃树、苹果树、杏树,是在兰州常见的四种果树。而梨树和桃树在兰州名声最响亮,不仅是因为其果实口味怡人,更是因为每到春季它们就会给黄河镶上粉白色的裙边。看梨花去百年古梨园"什川";看桃花就要去安宁的仁寿山,年年在此都有桃花会。春季的兰州是"桃花千树红,枝繁缀雪绒";而天斧沙宫和水墨丹霞的自然景观,更是难得一见。马衔山,被誉为"寒山",山头常年积雪。对面兴隆山的半山中,在抗日战争时期,为避免日军的盗掘,成吉思汗的陵寝曾迁此常驻十年之久。兰州的小西湖是明朝肃王的私家花园,亭台楼阁，水榭廊桥，虽不比杭州的西湖盛景，却似深闺中的小家碧玉，别有一番景象。而诗题中的"悬圃"是传说中昆仑山顶神仙的居所，出自《楚辞·天问》。

▲ 站在兴隆山远眺马衔山"寒山积雪"

在兰州，除了这些名头大的景点，还有很多小众景点，如石佛沟、云顶山、官滩沟、吐鲁沟、竹子沟、关山等。兰州还有几个古镇，也别具特色，如青城古镇、河口古镇、连城镇的鲁土司衙门建筑群，都值得一去。

▲ "水墨丹霞"之景

告别兰州

吃也吃了，逛也逛了，离开兰州，还得继续下一段行程。那怎么走呢，我有几条线路推荐。来时我的建议是从西安方向来，经过宝鸡、天水和定西，然后进入兰州。如果你不是自驾，可以从兰州坐一趟去敦煌的列车，高铁或普通列车都可以。但我建议还是坐普通列车，睡一晚上，直接睡到敦煌，省了一晚的酒店钱，属于边睡边赶路，然后从敦煌一站一站的往回走，到兰州中川机场乘飞机离开甘肃。省会城市之间的通航机票普遍便宜，班次也多，时间上有更多地选择。如果是自驾，也可以走青甘大环线，这是一条非常经典的游玩路线。从兰州到敦煌的路程大致是1100千米，走青甘大环线路程在3000千米左右。

自驾游的话，除了敦煌方向河西走廊的线路，还可以走甘南方向，路上可以沿着大夏河看看拉卜楞寺。去往四川阿坝，可以走玛曲方向，看看位于青海果洛地区的年宝玉则，这个景区地处甘肃、青海、四川三省的交界，不过或许是为了保护自然生态，现在只允许在外围看一看。还可以穿越若尔盖草原去到四川都江堰。这一路可以选择走合作（县级市名）至郎木寺方向进入四川，也可以选择去卓尼穿越洛克之路，到达迭部县的扎尕那。或者走临洮岷县方向进入甘肃陇南，去往四川的广元地区。

向北穿过甘肃白银地区，路过景泰黄河石林时，可以看看黄河侵蚀出来的山是什么样子的。然后进入宁夏一览贺兰山的风光。穿过银川，进入乌海和巴彦淖尔，自然风光无与伦比。在黄河乌海段穿越乌兰布和沙漠，沙漠中的黄河更为壮美。

也可以回头走东北方向，去甘肃平凉，看看道教第一圣地——崆峒山。然后再去泾川，看看五重佛舍利宝函出土地——大云寺。接着穿过中医药文化的发祥地庆阳，去往陕北。

这些路线自驾的话会很方便，路上可以饱览独特的自然风光，还会路过很多温泉，体验当地不一样的特色美食。当然，旅行是要吃苦的。我就先按照河西走廊的路线介绍几个落脚点，然后再挑几个必打卡的周边游地区，分别简单介绍。

盛大辉煌

敦煌地区最早出现的名称是《山海经》中的"三危山"。其中记载"又西二百二十里，曰三危之山，三青鸟居之"，意思就是侍奉西王母的三只青鸟栖息在三危山。《史记·大宛（yuān）列传》中首次出现"敦煌"二字。《汉书》中将敦煌释为盛大辉煌之意。如今敦煌是酒泉市的下辖县级市，酒泉市管理着19.2万平方千米的土地。注意看清楚了，后面有个"万"做单位——约等于陕西省全省的面积。而敦煌就在这19.2万平方千米土地的正中央。看看地图，甘肃像个哑铃，两头宽，中间窄。中间窄的地方就是河西走廊。两头宽的地方，一面是兰州、白银、天水、庆阳、平凉、定西、陇南、甘南，一面就是就是酒泉。甘肃总面积42.58万平方千米，酒泉地区就占去了将近一半土地，且大都是荒漠戈壁。而在这荒漠戈壁上，却留存着人类历史上最辉煌的佛教艺术宝库。

那就先看看敦煌的核心景点——莫高窟。敦煌被誉为"东方艺术之都"。因莫高窟藏经洞的问世，尘封了的千年的宝藏被人们所熟知。十六国时期，具体来说是公元366年，三危山出现金光盖顶的神奇景象，前秦和尚乐尊路过此地，见佛光闪耀，于是在此开凿了第一个佛窟——莫高窟的起源就被定在了这一年。此后，经过历代修建，到唐朝时，莫高窟已有1000多个佛洞了，它便有了第二个名字——千佛洞。

莫高窟从十六国时期开始，历经南北朝、隋唐、五代、西夏、元的统治，不断修建，规模宏大，现存735个洞窟，壁画就有4.5万平方米。

在酒泉地区，除了有西千佛洞和莫高窟外，还榆林窟、东千佛洞、五个庙石窟、一个庙石窟、旱峡石窟、碱泉子石窟、下窖石窟、红山寺石窟、红柳峡石窟、十佛洞石窟、积阴功台石窟。因名气被莫高窟盖过，所以这些地方其实很少有游客过去，有些也不开放。这些石窟都极具艺术价值和历史研究价值，全被列入了敦煌石窟群。可去的还有榆林窟。榆林窟属瓜州县管辖，算是莫高窟的一个分支。此处因榆林河而得名，河边生植榆木，故名"榆林"。

榆林窟有43库，4200平方米的壁画；开凿于北魏，但延续到了清朝。说到瓜州县，可千万不要跟白居易笔下的瓜洲混淆了。白居易《长相思》里描述的是位于现今江苏扬州的瓜洲古渡。杜十娘怒沉百宝箱也是在这里。而甘肃的瓜州县，2006年以前名为"安西县"，意为安定西北之意。"安西"这个名字出现于康熙年间。当时清军平定西北叛乱后，为安定西北，故将"瓜州"改名为"安西"。甘肃"瓜州"之名最早来源于张骞。相传张骞出使西域行至敦煌时病重，吃了当地的瓜果，病情好转。等他回到长安以后，就把这里称作瓜州了。所以2006年瓜州只是把名字改回来了。此外，在兰州七里河区有一条名为"瓜州路"的街道，我记事前就有了。

历史上的玉门关变换过三次位置，唐朝时期的玉门关就位于瓜州县双塔堡附近。具体位置应当就在双塔水库之内。所以王之涣诗里描述的玉门关应定位到瓜州。

凉州词
唐·王之涣

黄河远上白云间，一片孤城万仞山。
羌笛何须怨杨柳，春风不度玉门关。

而据《兰州通史·编余》中的一篇文章《兰州：王之涣"黄河远

上"一诗的诞生地》所述，此诗是王之涣在开元十年之前壮游西北边塞时所创。这首诗在《文苑英华》中所载诗名为《出塞》，出的就是陇右要塞——兰州。而诗名中的"凉州"解为"凉州曲调"，并非武威地区。如若将诗名《凉州词》改为《兰州词》，便与诗句所述严丝合缝。这也是我在开头介绍黄河楼时提到这首诗的原因。

▲ 榆林窟

除了莫高窟、榆林窟、瓜州、唐玉门关，还有更早的汉朝的"阳关"和"玉门关"烽燧遗址值得一看。"阳关"是中国最早的海关，现存有烽燧、古城、墓葬、陶器等遗留文物。那里还有一处根据"敦煌遗书"仿制的"阳关"关城。关于"阳关"，最出名的莫过于王维的那句"西出阳关无故人"了。

送元二使安西

唐·王维

渭城朝雨浥轻尘，客舍青青柳色新。

劝君更尽一杯酒，西出阳关无故人。

这首诗被后人谱成曲，名为《阳关三叠》。《阳关三叠》是中国十大古琴曲之一。唐代的《阳关三叠》在宋代就失传了，我们现在听到的曲谱是明代刊行的，距今也有500余年了。

在敦煌，除了看石窟、看关城，当然还要去鸣沙山月牙泉。鸣沙山，顾名思义，这里的沙会发出声音。在中国有四处鸣沙地，第一处就是甘肃敦煌的月牙泉畔的鸣沙山，又叫雷音门；第二处是宁夏中卫县沙坡头黄河岸边的鸣沙山（也称沙坡头）；第三处是内蒙古达拉特旗（包头市附近）南25千米的库布齐沙漠罕台川两岸的响沙湾，又叫银肯响沙；第四处是新疆巴里坤鸣沙山。

在敦煌有"敦煌八景"。"沙岭晴鸣"就是敦煌八景之一。"鸣沙"是一种自然现象，自古有之。关于沙子发出声响的原理，多年来科学家们还没有找出确切的答案，真相仍有待进一步研究。

鸣沙山里有月牙泉，相传月牙泉是一眼"药泉"，也是敦煌八景之一，曰"月泉晓彻"——泉水犹如新月一般静卧在鸣沙山的沙沟之中。据说月牙泉中生长着珍惜鱼种铁背鱼，以及珍稀草药七星草。故而当地流传着"月牙泉三件宝，铁背鱼、五色沙、七星草"这样一句话。传说如果一同吃下铁背鱼和七星草，便可长生不老。

在月牙泉边的月泉阁旁，有一尊水月观音的塑像，坐在一桩枯死的柳木之上。听说自从塑像造成，那柳木又起死回生，枯木逢春了，不知真假。

一般去敦煌，至少需要三日，还有苍城、雅丹魔鬼城、汉长城遗址和敦煌雅丹地质公园可以参观。晚上去敦煌的沙洲夜市逛一下，敦煌市区并不大，打车也不贵。沙洲夜市的灯影很美，去夜市也别忘了带上相机。

玉门奔骛

"背玉门以奔骛（wù）"出自《楚辞·九叹》，意思就是离开帝王居住的宫阙，奔向远方。无论是玉门关，还是玉门市，玉门向西就代表着彻底离开了古代中原王朝。

回程路上去一下玉门市，铁人王进喜还记得吗，在玉门市有他的纪念馆。玉门市有中国的第一个天然石油基地，1938年被开发，在新中国成立前为抗日战争和解放战争做出了特殊贡献。在新中国成立前十年，这里累计产出原油52万吨，产油量占到了当时全国总量的95%。王进喜就出生在玉门。不知道现在还有没有人记得他的那句名言："有条件要上，没有条件创造条件也要上！"1938年，15岁的王进喜就成为玉门石油公司的工人。新中国成立后，在去往黑龙江大庆油田之前，他带领的钻井队已经创造了全国钻井的最高记录。1959年国庆节时，他就站上了观礼台，参加了国庆观礼，也受到毛主席的接见。1960年春，王进喜带着玉门的1205钻井队来到了大庆油田。他带领队员用了5天5夜，就打出了大庆油田的第一口喷油井。接着，他又带领两个钻井队在一年中双双创造了年钻井10万米的世界奇迹。在一次打井过程中，突然发生了井喷，当时缺少水泥搅拌设备，又要快速的搅拌泥浆，以压住发生井喷的油井，他就跳进了泥浆池用身体搅拌泥浆，这才有了那张最为著名的照片。经过他们的努力，年底大庆油田就产油97万吨。1970年，47岁的王进喜因胃癌去世，临终只给家人留了300元。既然来了，不如就去他的家乡玉门市的纪念馆看看他。

嘉峪美酒

酒泉最具盛名的应当是酒泉卫星发射基地了。如果是秋天来这里，金塔县的万亩人工胡杨林可别错过了。如果碰巧正是李广杏成熟的季节，一定不要忘了买点尝尝。酒泉和嘉峪关距离很近，两个城区相距也就30分钟的车程，基本是挨在一起的。

"嘉峪"二字意为美丽的山谷。说起嘉峪关，大都都会想到"天下第一雄关"。我跟你们不一样，我想到的是嘉峪关最出名的小吃——嘉峪关烤肉！因为我好吃嘛。酒泉和嘉峪关也是美食的天堂啊，什么酒泉糊锅、拉条子、清泉羊羔肉、羊肉合汁、搓鱼子、凉拌沙葱、锁阳油饼——你没听错，是中药锁阳。瓜州有座古城，名为锁阳城，原名苦峪城，2014年被列为了世界文化遗产，始建于西晋。锁阳城东有塔尔寺，是丝绸之路上的一座高等级寺院，据说玄奘曾在此讲经半月之久。史料记载锁阳城周边分布了六处隋唐时期的古城遗址。明朝闭关后，这里被废弃。锁阳城已有1300余年的历史。那它为什么叫锁阳城呢？因为瓜州盛产锁阳。锁阳城周边，锁阳甚多，清朝时此地就被称为锁阳城了。锁阳是一种菌类，寄生于荒漠植物白刺的根部，是名贵的中草药之一。我七八年前因工作关系去往酒泉出差，当地好友送了我两盒"锁阳咖啡"。这种锁阳和咖啡的混搭产品，只有在酒泉才能买到。

"驿使图"就出土于嘉峪关东北20千米处的新城乡戈壁滩上的魏晋墓葬里，目前那里的一个彩绘墓室是对游人开放的，有兴趣的话可以去看看。而嘉峪关周边还有一处值得一看的景观，那就是距离嘉峪关120千米左右的"七一冰川"。不过"七一冰川"受张掖市管辖，属于张掖市的肃南裕固族自治县。因为从张掖开车来这里有350千米左右的路程，所以从嘉峪关出发更为便捷。"七一冰川"是整个亚洲地区距离城市最近的可游览的冰川景观，此冰川是由前苏联的冰川专家和中科院兰州分院的科学家们一同发现的。发现时间是1958年的7月1日，故名"七一冰川"。七一冰川年储水量为1.6亿立方米，是一座大型的天然固体水库，又是典型的高原冰川，被誉为"高山水库"。因全球变暖，这处冰川已经在慢慢消融了。无论是夏季还是冬季，都能看到冰川，不过当地天气多变，注意带好衣物。青海还有个"八一冰川",都在祁连山脉当中。嘉峪关的摩崖石刻是北方岩画的代表,据说战国时期就已经存在。

▲ 锁阳古城遗址

▲ 嘉峪关关城

写到这里，我突然觉得应该建议你租个车。毕竟甘肃地大物博，自然景观、人文景观都非常丰富，没有车，你是不会深切感受到这一点的。

"酒泉"名字的由来有很多种说法，比较普遍的说法是"城下有泉，其水若酒"。还有一种说法是霍去病大破匈奴后，汉武帝赏赐美酒，因赏赐的酒不够军中的将士们分，霍去病就将美酒倒入了泉水中，让大家分而饮之。汉朝治所福路县属于酒泉郡，也就是现在的肃州区。隋代仁寿中期，置肃州。

张国臂掖

"张掖"是"张国臂掖"之意。就好比抬起河西走廊这只汉帝国的臂膀，向西域伸出去，这就是"张掖"之意。在西魏时，张掖郡被改为了"西凉州"，复改为"甘州"。

"肃州"和"甘州"在此时出现。"肃州"为整肃国威之意；"甘州"因地而名，有说是因"绀峻山"而讹名，有说是因"甘泉"取意。

西夏时"甘""肃"二字连用，设"甘肃军司"。公元1227年，元吞并了西夏。元朝设置了"甘肃行省"。甘肃省的初建是在中统二年（1261年），刚刚建立时名为"西夏中兴行省"，治所在"中兴府"，就是宁夏银川。到了元二十三年（1286年），迁"中兴府"至"甘州"，也就是说省会定在了张掖。"西夏中兴行省"这时候随着治所的迁移，更名为"甘肃行省"。按照元朝的制度，"甘肃行省"的全称为"甘肃等处行中书省"，所辖地域覆盖了西夏所有的属地，即现今宁夏几乎全部区域和内蒙古的部分区域。

酒泉和张掖这两个地方，对于甘肃省是非常重要的。所以"甘""肃""陇"都可以代指甘肃省。"陇"在狭义上就是指陇右地区（陇山以西）。

进入张掖，首先应该关注什么呢？很多人刚开始想到的都是张掖的"七彩丹霞"，但是我想让你先去看看张掖的"大佛寺"。

重走"丝绸之路"，不来这处"大佛寺"，算是一大损失。因为张掖大佛寺是中国现存的为数不多的皇家寺院之一，与西夏、元、明、清皇室的关系密切。这座寺庙初建于西晋，名为"迦叶如来寺"。到了十六国时期，在灭佛运动中被毁坏。直到西夏永安元年（1098年），西夏的一位国师在"迦叶如来寺"的遗址处挖出了一尊碧玉卧佛，便历时五年在此处修建了的大佛寺，保留至今。

我们来说说什么是卧佛。卧佛的准确称呼是"释迦牟尼涅槃相"。在佛教的教义中，释迦牟尼一生经历了四个重要时刻：降生、出家、悟道和涅槃。涅槃象征着他已经修行圆满了，进入了不生不灭的境界。"涅槃"也就是佛教中的"圆寂"之意。

张掖大佛寺的重要性体现在五个方面：第一，它是国内唯存的西夏时期的寺庙建筑；第二，它供奉着亚洲第一大室内卧佛；第三，它是佛教涅宗的发祥地；第四，据传它是元世祖忽必烈的出生地；第五，它保存着明朝的官版初刻、初印本完整古经——《永乐北藏》。《永乐北藏》是明成祖朱棣在永乐八年（1410年）敕令雕印（雕版印刷）的。朱棣命人编纂了《永乐大典》，还敕令雕印了《永乐南藏》和《永乐北藏》。1413—1420年间，《南藏》雕印于南京大报恩寺，《北藏》是朱棣迁都北京后在北京雕印的，故被称为《永乐北藏》。《北藏》雕印始于1419年，结束于1440年。也就是说这套经书的制作历时21年。为什么会这么久？因为这套经书收录了1615部，6361卷经文，后来在万历年间（1584年）又续刻了410卷。从《大般若经》到《大明三藏法数》，都被收录在其中。这套经书全名《大明三藏圣教北藏》，被称为"佛国天书"。

▲ 西夏大佛寺

《永乐北藏》雕版一直藏于故宫当中，清朝时移出至北京某寺院中。后因战乱遭破坏、遗落。如今被一位收藏家整理收购后捐给了国家图书馆，收藏于文津雕版博物馆内。

明朝洪武五年（1372年），冯胜攻占了河西走廊，直至明朝灭亡，控制了河西走廊270年。朱棣迁都北京后，为了笼络人心，巩固政权，他选择在普遍信仰佛教的年代编印佛教经书集《永乐北藏》，这也是为了感念其父朱元璋早年出家为僧的事迹，希望以此弘扬孝道、教化百姓。

《永乐北藏》雕印好后，翻印了多套，颁赐全国各地的寺院。拥有《永乐北藏》善本的寺院都视其为珍宝，很少外宣。张掖大佛寺收到这套经书，是在明英宗正统十年（1445年），就是朱元璋的重孙朱祁镇执政时后，颁赐给大佛寺的。那时候大佛寺的名称是"甘州弘仁寺"。当时甘肃官员摘出了其中的一部经书600卷，用黄金和白银制粉抄写于一种特殊染色纸张——瓷青纸上，精美无比。瓷青纸因色如青釉而得名，又称绀纸、碧纸、青藤纸等，始制年代可以追溯至五代或隋唐时期。此600卷经文华美异常，且因其墨迹含金属原料而永不褪色。所以这部出于《永乐北藏》中的经书被称为"张掖金经"，这就是收藏于张掖大佛寺内的国家一级文物《大般若波罗蜜多经》。

鲜为人知的是，这套《永乐北藏》和誊抄的《大般若波罗蜜多经》能重见天日竟是因为1975年的一场大火。

从抗日战争到新中国成立后，这套经书一直受到寺内的高僧护持，秘不问世。而最后一位护持它的是法号为本觉的师太。直到她74岁时因大火去世，人们才在其卧室里发现了一条通向密室的暗道。密室中藏有十二个经橱，明朝的《永乐北藏》和誊抄的"张掖金经"就摆放在上面。这些经书的问世堪比敦煌藏经洞的发现，震惊世人。这是我国继莫高窟藏经洞之后，发现的数量最多、保存最完整的佛教文献。只是这些文物比莫高窟藏经洞里的文物要幸运很多。它们有一代又一代护持经卷的高僧；又遇到了一个好的时代，躲过人祸和天灾，来到了我们的面前。

张掖大佛寺的故事还有很多，这里还出土过一具石函，里面有珊瑚、珍珠、玛瑙、波斯银币和中国古钱币等珍贵财宝。这里除了财宝、经书、古建、佛像雕塑群，还有明末清初的巨型壁画《西游记取经图》，精美绝伦，只是现在风化比较严重。像是"取水子母河""大战红孩儿""偷吃人参果"这些经典片段，都被刻画在墙壁之上。将一套古代小说连环画呈现在了我们面前。

还有一处必去景点，那就是张掖肃南裕固族自治县马蹄藏族乡的马蹄寺。相传天马下凡时，一蹄落在了此处的岩石上，留下了蹄印。故而这里也被称为马蹄寺。这座寺庙始建于十六国时期的北凉。北凉的都城在姑臧城，就是武威。这个政权的开创者是段业，后遭沮渠蒙逊谋反篡权，沮渠蒙逊篡权后仍定都姑臧，人称河西王。

马蹄寺自北凉始建距今已经1600多年了。历经王朝更迭，屡遭战乱破坏，现今的马蹄寺已演化为藏传佛寺，属青海东科尔寺的属寺，其大部分原始古建已遭损毁。现今能看到的多为明万历年间的遗留建筑和改革开放之后重新修复的。

马蹄寺的绝妙在于其500多个摩崖龛窟悬空而建，整个千佛洞悬

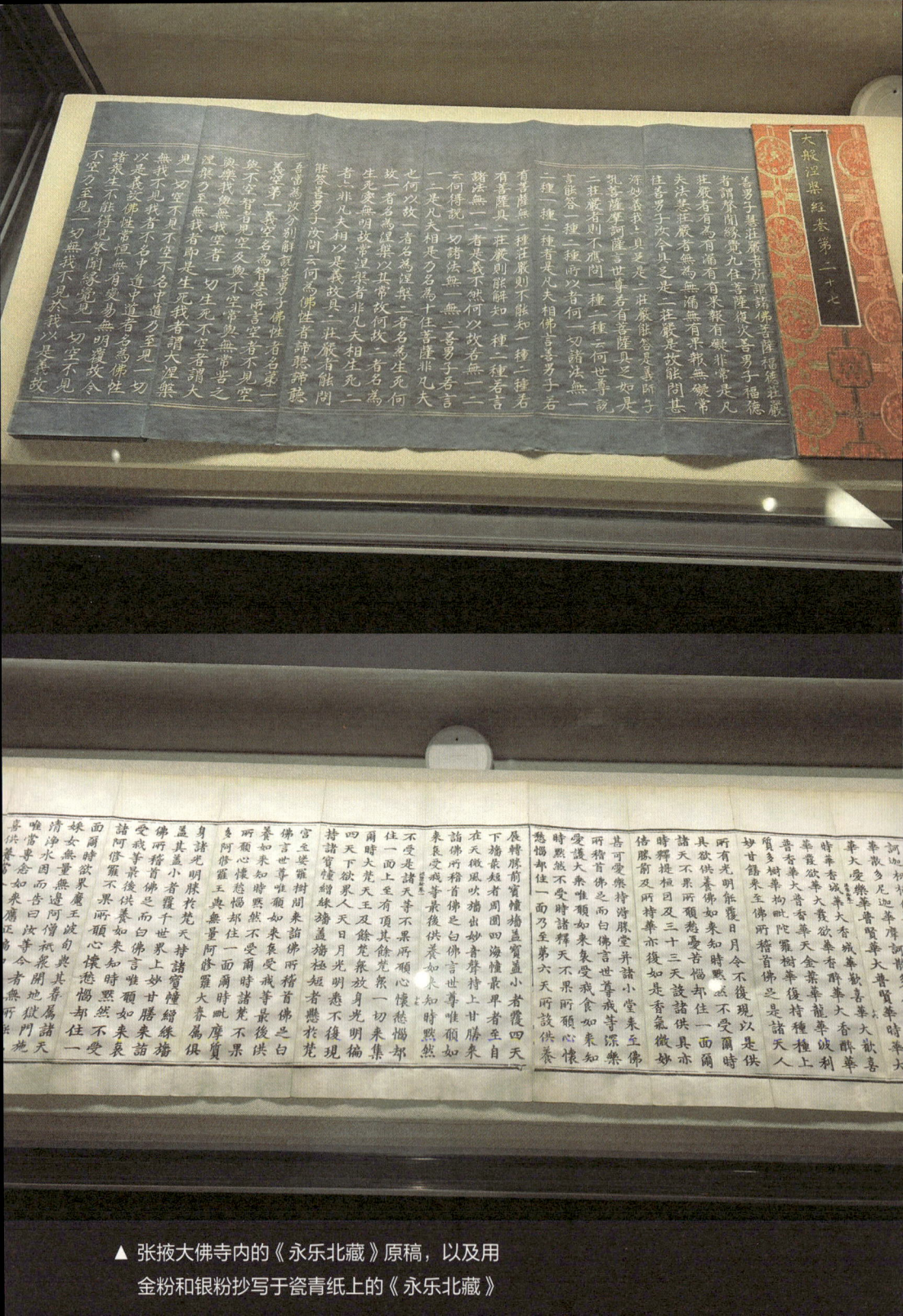

▲ 张掖大佛寺内的《永乐北藏》原稿，以及用金粉和银粉抄写于瓷青纸上的《永乐北藏》

于半空之上，令人惊艳。而寺中还收藏有康熙龙袍、乾隆马鞍、晋代站佛、北魏文殊宝剑等众多文物。

游玩张掖至少也得三天吧，除了七彩丹霞还有冰沟丹霞、山丹军马场、三十三天石窟、扁都口、平山湖大峡谷，在这里就不一一介绍了，我们再讲一处必"打卡"景点吧——山丹军马场。

山丹军马场距离张掖市大概55千米，位于祁连山中部冷龙岭北麓。此地地势平坦、水草丰茂。山丹军马场面积2195平方千米，是世界上历史最悠久的皇家马场，也是现今世界第一大马场、亚洲最大的马场，没有之一。祁连山在甘肃省呈东南走向，分割了青海与甘肃。东边深入黄河谷地，余脉延伸至六盘山、秦岭一带；西边与阿尔泰山相连。

如果说黄河是分割甘肃的动脉，那祁连山就是贯穿甘肃的骨架。河西走廊水草丰美，曾经是月氏人的家园。匈奴单于迫使月氏人西迁后，这里又成了匈奴人的马场。"祁连"二字来自匈奴语言，意为"天"。在匈奴人的心里，祁连山就是天山。当霍去病拿下河西走廊后，这里就成为中原王朝历代的皇家马场。新中国成立以后，这里不仅成为亚洲最大的军马繁育基地，也是解放军最大的粮、油、肉生产基地。这里的军马被用于支援国防建设和经济建设。"山丹马"已经成为我国优良马种的代名词。此马速度持久、膘肥体健。这里不仅马好，风景也好。来这里最好的时节，毫无疑问是暑假。

我们来聊聊张掖的美食吧。既然提到了山丹，那最不应该错过的就是山丹的炒拨拉。我第一次吃这个炒拨拉，还是在兰州市的南关夜市。这道美食应该是近两三年前才出现在兰州的，之前我还真没有见过。拨拉，顾名思义，就是用筷子在大铁盘子里拨拉来、拨拉去，寻找好吃的。但是如果是跟朋友一起去吃的话，还是得讲究餐桌礼仪，最好还是不要在菜里乱翻。炒拨拉就是大型铁板烧，上面可以选择菜品、肉类，自由搭配，主要以牛羊肉为主。炒拨拉传说也跟霍去病有关，不如你去山丹县打听打听。

除了炒拨拉，在张掖还有裕固族美食"脂裹肝"、早餐桌上的牛肉小饭、卷子鸡、搓鱼子、张掖臊面（不是臊子面哦）……

金川永昌

继续向东走，就到了我国的镍都——金昌。"金昌"取金川河和永昌县各一字，组成市名，意为金川一带永远昌盛。金昌很年轻，1981年才建市，"金昌"跟甘肃省的其他城市比起来，算是"婴儿"城市了。不过别看它年轻，贡献可不小。

首先我们要知道"镍"是干什么的。镍、铜放在一起制成的合金被称为"镍白铜"。在公元前200年，就已经被中国人使用了，也就是说西汉之前就有了。"镍白铜"在古代时是中国云南的特产。古籍上把它称之为"鋈"（wù），但"鋈"字泛指镀了白色金属的器物。"镍白铜"是我国古代冶金技术中的杰出成就。

古代"白铜"大致分了三类：

第一类是"砷铜合金"。这是人类历史上的第一种合金，它的发现其实跟炼丹术士有关，含有毒性，但延展性很好，硬度得到强化，用以取代"红铜"。

第二类是"铜锡合金"。因其耐磨的特性多用来制作钱币或日常金器，比如铜镜。其中不含镍，被称为"锡青铜"。

第三类就是"镍白铜"。镍呈现银白色，跟铜放在一起制成合金后，耐腐蚀，强度增加。镍铜之间可以无限固溶。也就是说铜和镍可以互为溶质或者溶液，溶解过程中可以任意调整比例，溶解度可以达到100%。镍含量越高，颜色越白。而加入"锌"以后，这种合金更具优良特性，不仅耐腐蚀、易切割，而且冷热均可加工。现代用以制作通信仪器、电子仪表等精密仪器。镍白铜历史悠久，因原产于中国云南，所以也被称为"云白铜"，我们常见的云南少数名族姑娘们头上佩戴的精美饰物就是这种材料制作的。我们常说的苗银、藏银，其材质多为"镍白铜"。关于白铜的记载可追溯至东晋的《华阳国志》。明清时期，镍白铜在中国云南、四川一带的地方志记载中经常出现。而在多处冶炼遗址的考古发掘中，发现了镍铜合金的金属颗粒。在四川还征集到了很多镍白铜制作的生活用具，如水烟杆、水盆和一些装饰物。

公元16世纪，也就是明朝时，欧洲的传教士在中国发现了镍白铜。因为镍白铜类似白银，所以他们开始大量采购镍白铜，并制作成工艺品。众多欧洲传教士、学者、探险家，来到中国学习、记录中国的矿产、水文和冶金技术，并把这些技术带回了欧洲。到了清朝时，镍白铜大量传入欧洲，被视作珍品，因其产于中国，被称为"中国银"或"中国白铜"。后来西方的化学家弄清楚了镍白铜的成分，原来是镍、铜、锌的合金，由此欧洲国家开始大规模生产，并返销中国了。当时欧洲生产的镍白铜被称为"德国银"。

如今镍的使用越来越广泛，可以添加各种成分制成不同的合金，应用于不同的行业。如造船、染料、陶瓷、飞机、雷达、军工、电镀、不锈钢、冶金、建筑、石油化工、通讯、电视、仪表等。虽说世界镍矿储量丰富，但我国储量并不靠前。我国的三大镍矿分别在甘肃、新疆和吉林。

甘肃金昌金川集团的镍矿年产量居世界第四、全国第一。红土镍矿是制作不锈钢的主要原料，我国储量不高，产量如果跟不上，作为不锈钢主产国的中国，产业势必受到影响。

金昌不止产镍，还产铂（白金）、铜、钴等有色贵金属。据金川集团的官网显示，仅白金，他们每年就能生产十吨，排名亚洲第一。2023年8月，金川集团又一次入选《财富》世界500强榜单，排名第289位。

金昌就是围绕金川集团建设起来的单纯的工业城市。不过，这里还有个有意思的地方——骊靬（lí qián）古城。

关于骊靬古城的记载最早出现在公元前60年。如今此地属金昌市永昌县管辖——话说回来，虽说金昌建城晚，可永昌早呀。永昌县的人类活动遗迹可以追溯到4000年以前的奴隶社会早期了。商周时期，这里是西戎放牧的地方，春秋至秦朝期间为月氏人占领。匈奴赶走月氏人后，霍去病将此处归进了汉王朝的版图。汉武帝元封五年（公元前106年），在今永昌县的范围内置了四县：番禾、骊靬、显美、鸾鸟。除鸾鸟县归属武威郡外，其他三县均有张掖郡治辖。

北宋时期，西夏在此置永州。元朝立永昌路，此名沿用至今。宋代的"路"相当于明清时期的"省"；元朝的"路"相当于明清的"府"。

永昌的骊靬古城之所以出名，是因为20世纪80年代末期《人民日报》上刊登一篇名为《永昌有座西汉安置罗马战俘城》的文章。报道中称，由中国、澳大利亚、苏联三国的史学家研究发现，西汉设置骊靬城是为了安置溃逃后失踪的6000多人的罗马军队。因为在《汉书·陈汤传》中有这样的记载，"步兵百余人，夹门鱼鳞阵，讲习用兵""土城外有重木城"。史料记载的是汉朝西域都护甘延寿，在现今哈萨克斯坦地区见到的一些奇怪军队所用的布兵阵型。所以《人民日报》文章中提到的这些学者觉得，这种阵型只有古罗马军队在使用，而骊靬城内安置的就是这一批失踪了多年的古罗马军队。

但是经过了大量的学术论证，并参照汉简中的记载，此论点最终被推翻了。现今看来这种观点也只能算是一种假说，多半都是附会之言了。不过现今这里建设有一个以古罗马文化为主题的特色旅游区。大家不妨去体验一下古罗马特色的主题公园。

武功军威

"金张掖，银武威"。从金昌出来，我们就要进入武威了。武威作为汉朝的河西四郡之一,那可就厉害了。武威属于汉地九州之雍州,要是往前追溯的历史的话,可以追溯到四五千年以前了。西戎、月氏、乌孙、匈奴都曾在此聚居。直到霍去病从匈奴人的手里拿下了姑臧城,这里才成为汉帝国的属地,为彰显汉帝国的武功军威,故而取名"武威"。而之前我们讲到的陇西李氏,其根源就可以追溯到姑臧李氏。姑臧这个名称来源于汉武帝时期对匈奴语的音译,其实际意义现在已无考。作为武威郡的首县,这个名称从出现一直延续使用到了五代十国时期的后唐。"姑臧"这个地名存续了1000年。在十六国时期,姑臧先后成为前凉、后凉、南凉、北凉、西凉的都城,也就是"高楼见五凉"中的五凉。对于武威到底是几朝古都,众说不一。有说是六朝古都,有说是八朝古都,更有称十三朝者。这些说法各执一词,争议主要在对于一些短期存在的地方割据政权的认定。

武威在河西走廊上就像一颗耀眼的明珠,承载了太多的华夏文明成果。

除了在雷台汉墓出土了马踏飞燕和铜车马仪仗队外,武威还有很多历史文化遗存值得我们关注。如藏传佛教的凉州四寺:白塔寺、莲花山寺、海藏寺、金塔寺。其中白塔寺所承载的历史意义最为卓著。还有"石窟鼻祖"——天梯山石窟。它是云冈、龙门石窟的源头。这里还有河西走廊的门户——乌鞘岭。再如天祝三峡:先秦文化、汉文化、藏羌文化、西夏文化、佛教文化在这里汇聚一堂。甚至也只有在天祝县,你才能看到美丽珍贵的白牦牛。天祝三峡可以去转转,开着车走到头,就到了北山浪士当景区,风景绝美。

我想给大家讲讲武威的西夏文化。在我国有两座专门的西夏博物馆，分别是宁夏银川的西夏博物馆和甘肃武威的西夏博物馆。至于为什么会有这两处博物馆，其实很简单。银川是古时西夏的都城兴庆府，武威则是西夏的陪都西凉府的所在地。

"西凉"这个概念特别容易混淆。前面提到了张掖是"西凉"，现在武威又成了"西凉"，到底是怎么一会事？其实在不同的历史时期，"西凉"指代的对象也不一样，最早的"西凉"指的是由陇西李氏先祖李广后裔李暠（hào）在敦煌酒泉一代建立的"凉"政权，史称"西凉国"。第二个指的是北魏改镇为州时期的"西凉州"，就是张掖。第三个是五代至元朝时期的"西凉府"，指的就是武威了。

清嘉庆九年（1804年），武威人张澍（shù）在家养病期间，闲逛大云寺时，在一个不起眼的角落发现了一块奇怪的石碑。此碑碑面所篆刻文字似是汉字，但张澍竟一字不识。石碑背后却刻有真正的汉字，上刻《凉州重修护国寺感通塔碑铭》，并缀年份"西夏天佑民安五年（1094年）"，张澍才知碑面文字为"西夏文"。第二年，也就是1805年，金石学者刘清元在武威发现了几坛子西夏币，也被称为"西夏文钱"。当时人们对西夏的历史了解甚少，因为灭了西夏的元朝并没为西夏修史，即便是《二十四史》中提到西夏的，也只是在宋、金、辽的史书上单独列传而已。元朝修了《宋史》《金史》《辽史》，就是没有《西夏史》，西夏政权维存了接近200年的时间，却连一本官方主持编纂的史书都没有，这让后人猜测颇多。也许是因为成吉思汗攻打西夏时打得异常困难；也许是因为成吉思汗死在了攻打西夏的过程中，蒙古人将仇记在了西夏人的头上；又或许是因为西夏文字本身就缺乏普及性，所以留存下来的西夏记载并不多。

而在1908年，也就是民国初期，沙俄的一个盗贼两次潜入我国，盗掘了黑水城遗址的西夏王陵，黑水城遗址位于现今的内蒙古阿拉善盟。两次偷盗，掠走了古籍24000多册，佛画500余幅，珍宝无数。这个人就是沙俄至苏联时期的著名考古学家彼得·库兹米奇·科兹洛夫。不仅如此，他还盗掘了西藏和内蒙古地区的大量古墓，被其破坏的珍贵历史遗迹无以计数。

这个盗贼带着这些西夏王宫和草原古墓里的珍宝回去以后，摇身一变，成为著名的历史、考古学家，甚至拿到了乌克兰科学院的院士。这导致我国如今要研究西夏的历史异常困难，必须得去俄罗斯收集史料。

所以武威的这些文物对于西夏考古和历史研究的重要性不言而喻。而西夏碑文的发现，也开始向世人展露西夏古国的文明。因西夏人笃信佛教，在武威，不仅有西夏碑、西夏文钱，还有像天梯寺石窟这样的西夏佛教文化遗存。武威是西夏皇家的佛教活动重地，当时这里佛塔林立，寺院广布。

新中国成立以后，在武威周边又发现了许多西夏彩釉瓷器，样式独特。西夏立国之初，李元昊就下令废除汉文，自创西夏文，将西夏文化与中原文化相隔绝，易发易服。这使得西夏文化独树一帜，其特殊性和重要性在我国历史遗存的研究中相当重要。现今在武威市西夏博物馆收藏的各类西夏文物多达2000余件，有文献、木器、金银器、钱币等。

武威也有很多好吃的，比如武威的"三套车"，去了一定要尝一尝。

还有凉州腊肉馍、凉州大月饼；武威面皮的拌醋也跟其他地方的不一样；用青稞做的青青麦索也要尝尝。好像还有个山药拌米汤也得试试。如果不是自驾，那么在此处就要乘高铁返回兰州了，坐城际大巴的话恐怕路上会很辛苦。

图景安泰

武威再往前走，翻过乌鞘岭就到了景泰县城——该县属白银市管辖。县城旁边有个永泰古城，因高空俯视形象如龟，也被称为"龟城"。永泰古城是明朝的军事防御堡垒，烽火台连绵延伸到兰州，总共有七十二座。这里就是守护兰州的前沿阵地，明王朝在此处屯军，以防御来自北方的鞑靼。鞑靼一词泛指北方的游牧民族。

万历二十六年（1598年），明将李汶在此讨伐鞑靼部落，收复了大小松山，也摧毁了以前在此处修建的军事设施。后历时4个月，明朝的最后一段长城修筑完成。这段长城东起景泰县芦阳镇以东，西至武威古浪县的土门镇。这一段长城被称为"松山新边"。明朝在兰州至这段长城之间修筑了三座军事堡垒，其中永泰古城规模最大，驻军最多。永泰古城位于汉朝的老虎城向北1千米处，距离山体稍远。老虎城的部分遗址如今仍然能看到。据推测，老虎城是西汉名将赵充国所建，霍去病第二次进军匈奴时走的应是宁夏固原、甘肃景泰县五佛乡这条丝绸路的北道。这也是中原通往西域的主要线路之一。老虎城依祁连山的尾脉老虎山而建，故曰"老虎城"。两汉时期，老虎城一直发挥着重要的军事作用。两汉之后，中原政权陷入割据状态，老虎城的军事地位有所下降，直到明朝，景泰归属临洮府管辖。作为边境地区，景泰经常受到北方游牧部落的滋扰，为了"永绝虏念，康泰安宁"，明廷在此处修建了一系列的军事防御设施。

永泰古城的修建历时3个月，有四个瓮城，但只有一个可以进出——其布局设计堪称古代军事城堡建设的教科书。城门有内门和外门两道，进入瓮城的内门开口狭小，外门开口宽大，也就是说敌军进入瓮城速度快，但进入内城需要耗费时间，困在瓮城里会被360度无死角击杀。敞开的城门面朝老虎山，山上有提前布阵的防军，一旦从南门攻城，就会受到山上守军的埋伏。城周有护城河，而城内饮水取自城外的暗渠。城外山角下的泉水顺着地下暗渠一直流入城内的五口井中，而牲畜饮水则在城内最北的洼地处。供水系统从南进而从北出，流入护城河。就算把此城围得水泄不通，城内依然可以取水。城墙外围修筑了十二个马面（敌台），每一面都突出于城墙，可以无死角的向攻城的敌人放箭。就算敌人突破了内城，城中不规则的巷道多为死路，敌人闷着头闯进来，也只能是在巷道内被包围击杀。

从永泰古城出来，我们可以去景泰的黄河石林看看。我给你一条路线：导航定位"石门乡茨滩村退役军人服务站"，快到时，乘坐一次黄河轮渡；过了河沿着469乡道向西行进。这条路线风光秀丽无比，之所以叫"石门"，是因为黄河石门就在这里。你还可以看到无数个明朝长城的烽燧遗址，因为这条路线就是在沿着长城行进。行至尽头再乘坐一次轮渡，就能到达黄河石林公园的后门了。这条路线知道的人不多，从这里开车进去是可以找到农家乐住宿的。石林公园全名"黄河石林国家地质公园"，地貌奇特罕见，鬼斧神工。

从黄河石林出来，走甘盐池，上寨海高速去庆阳；或者走定武高速，横穿宁夏回族自治区，去往庆阳。走宁夏方向虽然路程远，但时间上差不多。又或者直接返兰也可以成为你的选择。返回兰州后，你可以结束行程，途中可以绕道白银市的会宁县，去看看红军会师的会址。从兰州去往甘南或者陇南地区。不过我还可以给你推荐一条路线。

定武高速穿过腾格里沙漠，会经过宁夏中卫的沙坡头景区，上次我去坐了滑索。沙坡头是甘肃、内蒙、宁夏三省的交界点，现属宁夏管辖。沙坡头也是中华文明的发祥地之一，有学者提出，至少在三万年以前，这里就有先民繁衍生息了。这条路线还会经过中卫市下辖的中宁县。中宁县的清炖土鸡好像很有名，一定要记得吃。以前开车出去，路过那里，我会带点宁夏的枸杞。陕甘宁青都产枸杞，但是买中宁的就对了。黑枸杞也别忘了带点。从中宁出来，经定武高速转到银百高速，就到达庆阳了。

景星庆云

隋朝初期，隋文帝杨坚废除郡县制，改行州县制。开皇十六年（公元596年）设置"庆州"，我想当时肯定是有值得庆贺之事，故而定名为"庆"，但具体由来却无从查证。庆阳和平凉两市位于甘肃省东部，也被称为陇东地区，如果单说陇东的话通常是指庆阳。这里是华夏农耕文明的发祥地之一，也是中医药文化的发祥地之一，这样的名头够响亮吧？因为这里是中医的鼻祖岐伯的出生地。因岐伯与黄帝在此谈医论道，故而这里也被称为"岐黄故里"。

岐伯是上古时代的名医，年代久远。故而关于岐伯出生地的说法有三，一说是甘肃庆阳，二说是宝鸡岐山，三说是四川盐亭。

"岐黄之术"，"岐"指岐伯，"黄"指皇帝，岐伯之名排在了黄帝之前。而《黄帝内经》的基本理论和框架相传由黄帝创立。不过《皇汉医学》和《难经注疏》中都言《黄帝内经》的理论是岐伯授予黄帝的。

《黄帝内经》的理论体系架设在《易经》之上，吸收了炎帝和神农的医学知识，加上作者自身的医学实践，形成了一套医学体系。经过数代人的传承，到了春秋、秦汉之间最终成书。它开创了医学著述的先河，对于药物、生理、病理和诊断以及治疗都有系统阐述，而且还创力了针灸和按摩的基本理论。在医书领域，很多典籍都托岐伯之名著述。

岐伯也被称为古代博物学家，在庆阳流传着关于他的这样一个传说：相传岐伯出生在青龙山的窑洞内，出生时山顶上祥光缭绕、百鸟群飞。岐伯少而博学，成人后悬壶济世。其医术精湛，救无不成。当黄帝在崆峒山问道广成子时，广成子推荐黄帝向岐伯求学，黄帝便拜岐伯为师。庆阳市庆城县为岐黄故里，去看看周祖陵半山处的"岐伯盛景"，也算不虚此行。

既然到了周祖陵，就去拜会一下周先祖不窋（bù zhú）。他是夏朝时期的周部族首领，周人先祖，姬姓。世袭农官，管理农业生产。夏朝时，其家族世代生活在陕西中部和甘肃东部的黄土高原地区。因夏朝末期不重农事生产，所以当不窋袭承了其父"稷"的爵位后，被迫丢官，遂迁往了现今的庆阳市庆城县一带。他死后就葬在了这里，子孙世代承袭他的事业，在此农耕。周文王姬昌是他的十三世孙。这也是庆阳被称为"陇东粮仓"的根本原因。

庆阳清炖羊肉号称庆阳的"美食明珠"，相当于陕西的水盆羊肉，兰州的羊肉泡馍。到了大西北，吃羊肉你是逃不掉的。庆阳的臊子面也是一大特色。但是我觉得跟宝鸡岐山的臊子面差不了多少，也许是因为两地都是周人的发源地吧。这里还有环线的羊羔肉、土暖锅、搓搓面，去了庆阳记得都尝一尝。而环县被称作环州故里，北宋与西夏对峙时，范仲淹就在这里戍边，其宋代砖塔至今仍安然无恙。八珠乡的黄酒尤为著名，路经此处时，可以找逍遥醇酒业的老板娘聊聊，提山水郎-沐泽川的话，她应该会给你打折。

平定凉国

庆阳出来就去平凉,离得不远。西晋时期,平凉灵台县的皇甫谧著成了针灸医学的开山著作《针灸甲乙经》,奠定了针灸的理论基础。

平凉的"凉"说的是五凉中的"前凉"。而平凉,就是平定前凉之意。这就要提到"淝水之战"中一败涂地的苻坚了。"淝水之战"是我国历史上著名的以少胜多的战例。前秦和东晋在安徽淝水爆发决战,最终有二十万军力的前秦败给了仅有八万军力的东晋。前秦的嫡系部队全军覆灭,其他则四散而逃。

前秦也称"苻秦",由氐族部落略阳氏首领苻洪建立,是十六国时期最强大的国家,国祚四十四年,历经六代皇帝。在公元366年开凿莫高窟的第一人乐尊和尚,就是前秦人。前秦定都长安,兴办学校,提倡儒学,培养人才。前秦的目标是统一天下,陆续攻占了巴蜀、汉中,降服了夜郎、邛(qióng)、笮(zuó)。在公元376年这一年,苻坚执政时灭了前凉,但没想到的是在同年的"淝水之战"中,他自己的国家也灭亡了。

前凉是十六国时期国祚最久的政权,有七十六年,定都姑臧,也就是武威。前凉的开国皇帝是张轨,宁夏固原人。需要注意的是,前凉是十六国时期的政权,开国皇帝叫张轨,公元318年立国。而大凉是隋末的政权,开国皇帝叫李轨,公元617年立国。两个政权立国相差300年,但都是定都姑臧。平凉自古四通八达,北接庆阳,西邻固原,南通天水,东至宝鸡,是重要的军事要地,古有"西部旱码头"

之称。所以在前秦灭了前凉之后，就在此地置了平凉郡。从此，史书上就有了"平凉"这个地方。

那平凉有什么好玩的呢？在平凉，你可以爬一座山，这座山叫崆峒山；在平凉你可以上一座台，这座台叫莲花台；在平凉你可以去一座寺，这座寺叫云崖寺。当然平凉泾川的大云寺，也值得去一趟，因为这座寺庙不仅跟佛教传入相关，还出土了藏于甘肃省博物馆的"五重佛舍利宝函"，还有很多其他宝贝。还有很多风景区，都可以好好转转。在这里放松放松，修整修整。

因为平凉市下辖静宁县，静宁烧鸡可是一绝。

到了平凉，有三样东西不能落下：烧鸡、锅盔和苹果。这都是静宁县的特产，兰州人也好这一口。

不过可别以为平凉美食只有这三样，好吃的多了去了。饸饹面吃过没？核桃饺子吃过没？罐罐蒸馍吃过没？火烧子吃过没？生汆（cuān）面吃过没？酥盒子吃过没？没吃过的快去吃吧！

秦武都邑

2022年6月，平绵高速通车了。所以我们现在可以从平凉直通陇南，不需要绕道宝鸡或者定西了。沿着平绵高速向南，会穿过天水。如果来时没有经过天水，现在可以停留一下。从平凉到陇南市大概六个多小时的高速车程。

陇南的主城区名为武都区。而在1985年之前，还没有"陇南"这一称呼。秦人尚武，所以从秦开始，就有了"武都道"。"都"是都城之意，也有说"天池大泽谓之都"。这里气候温润、物产丰富，靠近蜀地。据推断，秦人最早的都邑"西犬丘"就在现今陇南礼县红河镇的天台山麓一代。最早的秦人就发迹于此，又走向了关中平原，最后统一了六国，成就了一代霸业。现收藏于中国历史博物馆的国家一级文物"印模铭文秦公簋（guǐ）"，就出土于陇南礼县红河与天水杨家寺交界处的秦宗庙遗址。

这里是古汉水流经之地，秦人先祖秦襄公被周天子封地于"西犬丘"，至此得以立国，"西犬丘"又被称为"西垂"。早期秦人的活动都是围绕"西汉水"而起，在西汉水周边发现了三处秦人活动的中心地带。而在甘肃礼县大堡子遗址处，发现了两座大型墓葬，规格极高。这两座墓葬很有可能是秦文公和秦宪公，或者是秦宪公及其子秦出子的墓葬。2004年之前，不法分子在甘肃礼县的大规模盗掘行为已经猖獗了近10年，对这里的秦公墓造成了难以挽回的损失。尽管如此，2004年之后，由五家考古单位对此展开了抢救性挖掘，依然出土了大量珍贵的文物。

在大堡子山秦公大墓遗址中出土的"编钟"和"编磬"可谓价值连城，我们可以在甘肃省博物馆看到它。这套编钟距今2700年，比武汉博物馆内的曾侯乙编钟时间早了300年。而这样的编钟不止出土了一套，当地相关部门还从盗掘者手中缴获了出土于礼县圆顶山秦宗族墓的九件套秦编钟，如今被收藏于甘肃礼县的秦文化博物馆。

礼县秦朝编钟的问世，向世人证明了这里就是秦人的发源地，并且是秦"西垂"——西犬丘的所在地。

陇南不仅是秦文化的发源地，更有特别的少数民族——文县白马族。他们被誉为"东亚最古老的民族"。

▲ 陇南文县大堡子山出土的秦朝编钟

在我国有很多非常古老的民族，如鲜卑、匈奴、羌、羯、氐，这就是五胡十六国时期的"五胡"。其实很多民族都已经消失在了历史长河里，而在甘肃省的大山里，却留存着一支部族，氐族的一支后裔——白马氐。他们与四川阿坝九寨沟县、四川绵阳平武县、陕西汉中宁强县的白马族属同支。

氐族是我国历史上的农耕少数民族之一。之前我们讲平凉地名由来时提到了氐族的一支"略阳氐"建立了前秦。氐族自称"盍稚"（hé zhì），在前秦时期汉化程度非常高，对于古代中国的民族融合起到了非常重要的作用。而氐族部落众多，按地域可以分为略阳氐、清水氐、沮水氐、临渭氐、隃糜（yú mí）氐、巴氐和白马氐。南北朝以后，氐族逐渐与周边的其他民族相融合。氐族应属蚩尤后裔三苗的一支。《舜典》提及："窜三苗于三危"。以此推断氐族的先祖从三苗地区迁徙到了渭水源头、岷山以北的地区与羌族杂居。所以移风易俗，很多民俗就跟羌族相糅合。而历史上藏羌文化又同宗同源，故而氐族文化与藏文化有很多相似甚至相同之处。但其跟藏族也有很多不同之处，比如他们有自己独立的语言——白马语。2012年复旦大学对白马人做了DNA研究，确定其与藏族不同源，先祖为东亚最古老的部族——氐族。

2004年陇南市设立，武都划为了区级行政单位。陇南，就是指甘肃以南。说这里是陇上江南也不为过。陇南靠近巴蜀，不仅拥有独特的少数名族结构，还有秀丽旖旎的自然风光。陆游曾在陇南徽县从军，写下了《顷岁从戎南郑屡往来兴凤间暇日追怀旧游有赋》，其中有一句是这样描述陇南的："城郭秦风近，村墟蜀语参"。意思就是：这里是秦国的民风，但是语言却接近四川话。陇南的花椒在甘肃很是出名。

不仅如此，甘肃唯一的产茶地就在陇南。陇南地区降雨充沛，白水江汇入白龙江，穿陇南主城区而过，最终流进嘉陵江。这些长江上游的水系，造就了这里得天独厚的地理环境，非常适宜茶树生长。早在北宋时期，这里就是茶马交易的重要地区了。现今陇南县碧口镇还有清道光年间的古茶树20余株。"陇南绿茶"虽然没有名满天下，但也入选了农产品地理标志登记保护名录。

陇南还是我国四大橄榄生产基地之一。橄榄是地中海地区饮食中的重要角色，在古希腊文化中也意义非凡。橄榄广泛分布于全世界的亚热带地区。在古代中国，它更多地被用作药材。李时珍的《本草纲目》中记载：此果虽熟，其色亦青，故俗呼青果。北宋时，它也被作为一种普通水果售卖。苏东坡就留有《橄榄》一诗：

橄榄
北宋·苏东坡
纷纷青子落红盐，正味森森苦且严。
待得微甘回齿颊，已输崖蜜十分甜。

诗意就是：橄榄刚吃下去时是苦涩的，越吃越甜，让人回味无穷。

而橄榄油被誉为"地中海甘露"，原因就是橄榄油中富含单不饱和脂肪酸——油酸。被西方认定为现今发现的最适合人体的食用油。陇南的橄榄食品生产体系十分完善，出产多种以橄榄为原料的加工食品。我觉得陇南的橄榄菜特别好吃。

陇南地区有很多红军长征时留下的历史遗迹，哈达铺、两当地区都有纪念馆。

说说陇南的好吃的吧。我印象最深的就是陇南的无花果。白龙江沿岸都在种植无花果，当地人称之为"娃果"。自然成熟的无花果大如拳头，甘甜如蜜，清香宜人。如果你在武都街边看到背筐售卖无花果的小贩，买上两个，吃下去就饱了。但你必然忍不住再吃一个，因为它太好吃了。陇南的无花果品质是我见过、吃过的最好的。记得一定要在6月到9月这个时间来，能吃到最好的自然成熟的。

陇南的"洋芋擦擦""洋芋搅团"，口味碾压甘肃其他地方的所有同品。

陇南距离四川的九寨沟和黄龙景区已经很近了，有时间也可以绕个道过去转上一转。

从陇南出来，咱们从甘南绕道临夏回兰州，导航定位"迭部县"。

草原明珠

甘南处于青藏高原东部的边缘地带，被联合国人居环境发展促进会评为：中国最具特色的旅游目的地。名头够响亮吧？不是我吹，洛克之路去过没？不是我夸，秋季冶力关漫山遍野的树莓吃过没？不是我赞，世界最大的藏学府——拉卜楞寺参观过没？我想写排比来强调这里的一切，然而我的词汇量都不够用了。扎尕那、桑科草原、甘加草原、当周草原、郎木寺、天下黄河第一湾、尕海、河曲马场、则岔石林、阿万仓湿地、大峪沟、拉嘎山……来到甘南，这里处处如画，遍地有景。

我就挑其中一处说吧——洛克之路。在中国有两段洛克之路，一段是从云南丽江直插四川稻城，另一段就是从甘南迭部去往甘南卓尼县的这一段路。洛克之路跟扎尕那景区是连通的。从迭部县进扎尕那只有一条路，出景区时不要返程，登上最高的观景点。看完扎尕那的全景之后，继续深入，导航定位"卓尼县"，沿着248国道一直向前。248国道起始于甘肃兰州，终于云南马关县，纵贯甘肃、四川和云南三省，而在甘南境内迭部县至卓尼县这一路段就被称为"洛克之路"。虽然这里风光秀丽，景色绝美，但如果你是个驾车新手，还是要慎重，因为这一段虽是国道，但路况对新手实在是不太友好，且有几段侧临悬崖，还是有点危险的。最好开底盘高一点的车去。听说这段路已经在维修了，就是进度有点慢。

另外需要注意的就是冬天最好不要前往，而是夏天去，并且提前备好食物和水。这段路有170千米，全程基本没有信号覆盖，用时大概在四到五个小时，有时候会遇上修路的情况，需要排队等候，耗费的时间会更长。我是一个露营爱好者，所以每年都会抽出一两周的时间在这里露营。有很多次我住在这里，都会遇到乱扔垃圾的游客。这条线路上没有负责清理垃圾的市政、环卫人员，我经常要不停地捡垃圾，然后把它们带出去。也有开着高档越野车的游客，一下车，先是抛撒手中的废纸巾和饮料瓶。尽管经过我的提醒，他们就会捡起来，但我想说，我们一定要有自觉保护环境的意识，这是我们共同生存的家园。所以我想提醒大家，一定不要留下垃圾，它们对于高原脆弱的生态环境的破坏是不可逆的。

之所以称这条路为"洛克之路"，是因为这是美国植物学家约瑟夫·洛克来此考察时走过的路线。这里实在太美了，洛克曾三次长居迭部。到了甘南，不走这条路，就等于白来了。这条世界级的自然景观之路，被我称为"清都"。我的网名就出自朱敦儒《鹧鸪天·西都作》里的一句：我是清都山水郎。"清都"指天帝居住的宫阙，而"山水郎"则是负责管理山水的郎官。用世外桃源来形容此处，似乎少了太多的烟火气。

清都仙居

当代·沐泽川

苍鹰盘峰绕，飞瀑悬天垂。

恍若云外境，窗景不及追。

在甘南也不要逗留太久了，因为我们还要去下一站——古河州。路过甘南首府合作市时，记得去路边的奶制品店里买点牦牛酸奶，一定要配上白糖，不要搅拌融化，把白糖和酸奶一起送入嘴里，奶香味和白糖的香味混合在一起，尝过以后，你就不会再单纯地认为白糖只有甜味。购买店老板自己手工制作的酥油，回去点在奶茶里。哇，简直太香了。酥油有两种：一种是商家批发过来卖的，一种是自己手工加工的，价格肯定不一样，注意甄别。酥油的吃法有很多，我通常是用来煎鸡

▲ 清都仙居之景

蛋，直接夹在面包里也是不错的选择。合作市里有很多不错的藏餐馆，也可以尝一尝。从合作市区驱车临夏市，一个多小时就能到。

在河之洲

　　临夏是个非常奇特的地方，它是甘肃省的少数民族聚居地之一。秦朝时此地为枹罕县，因毗邻大夏河岸，十六国时期的前凉在此地置了河州郡。临夏这个名字出现于民国十七年（1928年）。临夏这个地名经常让人困惑，因为很多人搞不清楚"宁夏"和"临夏"。而且临夏回族自治州下辖临夏市，临夏市下辖临夏县。

　　大夏河发源于甘南，流经临夏地区汇入黄河。古称临夏为"河州"一点都不为过，因为这里有黄河上游的一级支流6条，二、三级支流18条。黄河上游的三大水电站都在其境内，分别是刘家峡、盐锅峡、八盘峡。临夏的地盘基本上就是被河流分割而成。

　　临夏最具盛名的必然是刘家峡。刘家峡归属临夏永靖县管辖，可谓是黄河水库中的翘楚。刘家峡水库距兰州很近，只有不到100千米的路程。所以如果从临夏回程兰州选择走折达公路，沿途便可以一览黄土高原的蔚蓝宝石——刘家峡。

　　刘家峡水库水域面积有130多平方千米，黄河在此被截断蓄水。全年水库之中的黄河水呈现碧蓝色，阳光充足时，极为耀眼，与黄土高原的苍茫黄丘形成了鲜明对比。刘家峡水库竣工于1974年，由于水质无污染，水产养殖条件优越，这里生长着肉质肥厚的黄河鲤鱼。

水库边上的农家乐烹饪此鱼，方法简单，放入豆腐炖成大盘鱼，味道可口。农家乐就在向阳码头附近，到了水库边可以随便选一家，每年夏天我都要去那里喝茶避暑。向阳码头在水库的西岸，得稍微绕点路，在东岸的莲花码头乘轮渡过去，或者走临太高速，绕道306省道，顺路去趟炳灵寺石窟。

甘肃总共有205个石窟群遗址，以敦煌为冠，麦积山为亚，而炳灵寺石窟则为季。炳灵寺石窟有窟龛183个，最早的石窟开凿于晋武帝司马炎登基的那一年。在它的169窟中，有中国现存最早的、有明确记年的造像石窟题记，比敦煌莫高窟的题记还要早一百年。这个窟位于唐朝大佛的上方，是个特窟，需要单独购买门票。但它也是炳灵寺石窟的精华所在。这里历经北魏、北周、隋唐、五代、宋、元、明，是具有藏汉两种风格的石窟。

炳灵寺石窟的北魏卧佛和十一尊观音像包含在普通门票里，也算是其中的精品，去时不要错过了。

讲镇远浮桥时我们提到的黄河飞桥，就在炳灵寺石窟景区大门口外，其遗址已经沉入河水之中了。

炳灵寺分为了上寺和下寺，一般我们参观的是外围炳灵寺下寺的遗址。沿着河道峡谷向上走2.5千米左右，还会看到炳灵寺上寺。上寺中有一尊隋代的大佛，还有一座唐朝的香塔。炳灵寺上寺现在只有一位和尚了。上次我去，这位老僧给我指了指几部经卷，说是乾隆皇帝还是康熙皇帝钦赐的，我也记不太清了。那些经卷被卷闸门锁着，看样子年代不会短。而且受到了一定程度的保护。这里夏季去景色宜人，飞瀑从半山留下。如果去往炳灵寺上寺，你会路过炳灵寺大峡谷，景色壮美，寻迹秘境，别有一番体会。不过注意落石，小心受伤。

如果是五月份来，作为"牡丹之乡"的临夏一定会为你唱起一首"花儿"。

路线推荐

写到这里，甘肃之行就快完结了。如果你不返回兰州的话，可以从炳灵寺直接前往青海，不要走高速，去往积石山县，转道青海循化。那样你会有更多意外收获，如大敦峡、孟达天池。别忘了买一把大河家镇保安族的特色小刀，尝一尝青海海东地区的特色美食"狗浇尿"。前一阵，甘肃积石山县和青海循化发生了地震，那里是青海和甘肃的交界处，本就山路多险，落石频发。这次地震给那里居民的生活带来的巨大灾难，令我非常痛心。但是我也看到了很多志愿者和社会各处救援力量对甘肃伸出了天使之手。2020年时，我在媒体上听到了韩红说的一句话："我梦想有一天，中国的孩子都可以吃上放心的饭菜，老人都可以老有所居，孩子们都可以平安健康，然后大家都可以不用花太多的钱，就能够去很好的医院进行治疗和看病。"我个人是非常喜爱韩红的。不仅因为喜欢听她的歌，还因为她是我眼中的"真人"——正真的敢于做自己的人、真性情的人。在中国有无数个"韩红"，永远在为身处苦难的人们"雪中送炭"。

目前甘肃整体并不富有，尤其是远离城市的地区。我希望自己也能为甘肃的旅游业添一块砖，加一片瓦。我在赚钱方面确实不怎么精通，只能通过这浅薄几笔以尽绵薄之力。我写两条甘肃旅行的路线供读者朋友们参考，希望对你们有所帮助。

先说乘飞机、高铁游玩甘肃。

飞机落地西安，乘高铁至宝鸡—天水—定西—兰州，在兰州乘夜间火车，目前车次是K367，去往敦煌，路上接近15个小时，备好早餐。然后敦煌乘高铁或火车至玉门—嘉峪关。乘坐公交去酒泉，继续乘火车或高铁去张掖—金昌—武威—兰州，选择飞机或高铁离境。又或乘高铁去陇南，转入四川离境。

自驾的看这里。

自驾路线相对复杂，而且需要在甘肃周边的省份穿插。但只要你时间允许，理论上你是可以去到达甘肃的任何地方，我把自己推荐的路线整理出来供各位参考，这次我们把天水作为起点：

天水—甘谷—陇西—定西—榆中—兰州—景泰—沙坡头—中宁—庆阳—平凉—陇南—文县—九寨沟—若尔盖—郎木寺—扎尕那—洛克之路—合作—拉卜楞寺—临夏—炳灵寺—积石山—循化—海东—互助北山森林公园—天祝—武威—金昌—永昌—山丹—张掖—肃南裕固族自治县—酒泉—嘉峪关—玉门—瓜州—敦煌。从敦煌离境，或进入新疆，或进入青海。

这条线路有两次穿插，稍显复杂，不过能够尽量不错过大多数重要的游览地。

结语

　　最后，我想我是要感谢一些人的。在写作过程中，他们给了我很多的帮助。其实我写作的想法来源于在短视频上关注我的一个粉丝，就是艾阿姨。在做短视频初期，她就鼓励我创作一些游记。把在各地看到的历史人文记录下来，这使得我对写作有了兴趣。在这本书的写作过程中，很多的文字校对工作，也是她在帮忙完成——基本我每写完一段，她就会帮审查一段。很多错别字、语病、错用，也是她帮我找出来的。还有粉丝蒲阿姨，也给了我一些写作上的想法。再有就是海柔姐，在做短视频初期，她通过网络联系到我，希望我能给甘肃博物馆的文创产品做一些推广。一年前她送给我一本《丝绸之路文物故事·甘肃省博物馆卷》，使我开始关注甘肃的文博历史。在沟通过程中，她给了我很多的创意和思路，包括这本书后期的推广工作，她也主动说要帮我宣传。其实我的带货水平并没有多好，他们的产品我没卖出去多少，而我却得到了很多额外的帮助。还有俊峰，可以说他是我这本书能够顺利出版的关键人物，与他的相识也发生在我的一次直播中。他在出版社工作，这是我的第一次写作，但在出书的关键问题和流程上，我基本上没有付出太多精力。这本书能顺利签订出版合同，都要感谢他的帮助。除了他们，还有粉丝容阿姨，专程来兰州协助我的拍摄工作，配合我完成后期的插图准备工作。她已经快60岁了，体力不太好，却始终坚持跟着我早出晚归，帮我打打下手。

在写作接近尾声时，由于我长期熬夜，过度透支体力，我患上了非常严重的急性精神类疾病。在这个过程中，身边很多人都对我倍加关心，江西的童阿姨、山东的李阿姨也为我生病的事操碎了心。还有远在西安的小姨和海外的亲人，因为我生病的事也很是担心。这其中付出最多的就是我的父亲，母亲也为我伤心难过了很久。但我很庆幸我因为写作和短视频结识了一个人——廖启航。因为原计划要与他去敦煌游玩，等待他乘坐的飞机落地又一晚没睡，所以促使我发病。他守在我身边，生怕我出事，配合我父亲和三叔、三婶将我送入了医院。我在医院期间，每天有五分钟的探病电话，都是他打给我的。我想他是我这一生最不应该忘记的人。

也要感谢我的两位美女编辑，胡南和赵诗文，在书出版前的几个月中我们进行了无数次的沟通，来完善这本书。

此外，李轩对我的工作和此书的宣传事宜都给予了非常大的帮助。专门研究甘肃贡院历史的贾守雄先生把此书推荐给了兰州历史研究的泰斗——邓明老先生审阅，并为我作序，我倍感荣幸，感激之情难溢于言表。

再就是我的恩师金老师不吝受我之托为我题序，深觉"一日为师，终身为父"的至理。在知道我要写作时，我的很多粉丝、网友也给了我很多中肯的建议和想法，甚至还向我提供了一些写作需要的素材，这一切都使得我深感幸运。

这次我把兰州作为中心，带着大家简略地走了一遍甘肃。我想我介绍的还不够多，因为这里太大，也太美；介绍的也不够全面，因为这里历史厚重，景色旖旎。甘肃各地的旅游、文化、历史、风景；甘肃的每一个县城，每一座山，每一处寺庙；兰州的马家窑文化、齐家文化、半山文化、新店文化等史前文化；兰州的木塔巷、贡院巷、箭道巷等街巷文化；兰州的三爱堂、兰州的金花娘娘、兰州近百余里的黄河风情线、兰州的四大书院、兰州碑林、兰州的羊皮筏子、永登高跷、太平鼓、红古的恐龙……这一切我也只是蜻蜓点水一般掠过，有的甚至没来得及提到。

希望兰州与甘肃这淡化出人们视野的，被人们低估了的城市和省份能重新被人们熟知；希望这黄河穿城而过的丝路重镇能回归人们的视野。甘肃也不止有敦煌、嘉峪关、七彩丹霞、马踏飞燕、麦积山、崆峒山、黄河石林、刘家峡水库，还有洛克之路、长江水系白龙江；有"石窟文化的教科书"——炳灵寺；有"世界藏学府"——拉卜楞寺；有陇南的茶叶民勤的瓜，静宁的苹果天水的桃，有……甘肃还有什么？甘肃有的，要是这本书有续集，那我们就接着讲。

我只希望你路过书店时，能买一本《读者》翻一翻；逛兰州金城公园时，能明白为什么这里会有李息的塑像，霍去病又为什么被称为兰州之父；去博物馆时，能真正体会到丝绸之路的伟大；走上白塔山时，能回想起大一统王朝的和平来之不易；去五泉山时，能记住先祖的谆谆教诲；有朋自远方来时，能对着他们侃侃而谈这里的故事；陪伴孩子时，能说清楚"八办"和"邓园"所承载的爱国主义教育意义；在黄河边时，能想起冬季黄河上冻的场景；站在望河亭时，也能细细品读一下左宗棠书写楹联时的心情……记得常抬头看一看，看一看兰州最高峰上的魁星阁，那是先祖寄兰州文脉兴盛的一份嘱托。

文脉昌，则国运昌；国运昌，则百业旺；百业旺，则国强。

"民富国强，众安道泰"——《吴越春秋·卷八·勾践归国外传》。

最后留一份作业给大家：

五泉飞瀑、兰山烟雨、白塔层峦、梨苑花光、河楼远眺、古刹晨钟、虹桥春长、莲池夜雨。

这是兰州古八景，在书里找到它们，在兰州找到它们。

兰州

明·王祎

洮云陇草都行尽，路到兰州是极边。

谁信西行从此始，一重天外一重天。

参考书目

1. 田澍. 兰州通史[M]. 北京：人民出版社
2. 田澍. 兰州简史[M]. 北京：人民出版社
3. 邓明. 兰州史话[M]. 兰州：甘肃文化出版社
4. 张津梁. 兰州历史文化[M]. 兰州：甘肃人民出版社
5. 刘光华. 甘肃通史[M]. 兰州：甘肃人民出版社
6. 贾建威. 丝绸之路文物故事·甘肃省博物馆卷[M]. 兰州：读者出版社
7. 董亚丽，李晓林，陈虹. 大河流韵·兰州市博物馆精品文物图集[M]. 兰州：读者出版社
8. 高亚芳，秦炳峰，杨阿莉. 趣闻甘肃[M]. 北京：旅游教育出版社
9. 姜洪源. 名札集束·城关书札掠影[M]. 兰州：甘肃文化出版社
10. 邓明. 良风美俗·城关民俗散记[M]. 兰州：甘肃文化出版社
11. 张铎炎. 文博精藏·城关文物古迹胜览[M]. 兰州：甘肃文化出版社
12. 张卫东. 土木之功·城关古建筑览粹[M]. 兰州：甘肃文化出版社
13. 邓明. 街巷旧事·城关地名掌故[M]. 兰州：甘肃文化出版社
14. 张其尊. 千载芸香·城关图书典籍溯源[M]. 兰州：甘肃文化出版社
15. 高羔. 人物春秋·城关人物钩沉[M]. 兰州：甘肃文化出版社
16. 张北辰. 兰州非物质文化遗产·黄河大水车[M]. 兰州：甘肃人民美术出版社
17. 兰州市五泉山公园. 五泉文萃[M]. 兰州市五泉山公园
18. 读者出版传媒股份有限公司. 读者欣赏[J]. 2021,5(57). 兰州：读者出版传媒股份有限公司，2021.
19. 陈晓斌. 丝路花雨·诞生[M]. 兰州：读者出版社
20. 雷恩海，马永强，刘悦斌. 关山明月三千里·历代咏陇诗词选[M]. 兰州：甘肃人民美术出版社
21. 蒙自福. 诗词咏兰州[M]. 兰州：甘肃民族出版社
22. 杨元忠. 邓宝珊——纪念邓宝珊诞辰120周年[M]. 北京：中共党史出版社
23. 邓明. 兰州民俗散论[M]. 兰州：兰州大学出版社